マラカナン競技場、マラカナンジーニョ ／ Photo: R.Moraes

2016
リオデジャネイロ
オリンピック

日本代表選手団メダリスト

競泳女子200m平泳ぎ 金藤理絵

競泳女子200mバタフライ 星奈津美

競泳400m個人メドレー "継続は力なり" 瀬戸大也

競泳200mバタフライ "自信" 坂井聖人

"努力" 萩野公介

シンクロナイズドスイミング チーム・デュエット
乾友紀子
三井梨紗子
吉田胡桃
箱山愛香
中村麻衣
丸茂圭衣

柔道52kg級 中村美里 "自然体"

柔道-48kg級 近藤亜美

柔道 男子81kg級 "日々精進" 永瀬貴規

柔道+100 "ありがとう" 原沢久喜

Judo 60kg "精神一到" 髙藤直寿

Judo -100kg "信念" 羽賀龍之介 "感謝"

柔道178kg級 山部佳苗 "やり切る"

柔道57kg級 "感謝" 松本薫 "根性"

柔道-66kg 海老沼匡

柔道女子 "執念" 田代未来

柔道-70kg "覚悟" 田知本遥

カヌースラローム "ありがとう" 羽根田卓也

テニス 錦織圭

柔道90kg級 "初心" ベイカー茉秋

Go to medal!!
競泳 男子4×200mフリーレレー

男子400m 200m個人メドレー "感謝" 瀬戸大也

リオデジャネイロオリンピック日本代表選手団
日本オリンピック委員会 公式写真集2016

The Games of the XXXI Olympiad Rio de Janeiro 2016 Japanese Delegation
JOC OFFICIAL PHOTOBOOK

目次

開会式	6 – 11
柔道	12 – 25
水泳／競泳	26 – 39
水泳／飛込	40 – 41
バドミントン	42 – 51
ラグビーフットボール	52 – 59
ゴルフ	60 – 65
卓球	66 – 75
体操／新体操	76 – 79
体操／トランポリン	80 – 82
近代五種	83 – 85
馬術	86 – 91
バレーボール	92 – 97
レスリング	98 – 113
水泳／シンクロナイズドスイミング	114 – 121
フェンシング	122 – 126
射撃／ライフル・クレー射撃	127 – 129
アーチェリー	130 – 133
カヌー	134 – 137
ボート	138 – 139
セーリング	140 – 143
体操／体操競技	144 – 159
水泳／水球	160 – 163
自転車	164 – 169
トライアスロン	170 – 173
テニス	174 – 181
ウエイトリフティング	182 – 185
ボクシング	186 – 187
テコンドー	188 – 189
サッカー	190 – 195
ホッケー	196 – 199
バスケットボール	200 – 205
陸上競技	206 – 219
選手たち	220 – 225
閉会式	226 – 228
ごあいさつ	229
日本代表選手団メダリスト	230 – 237
選手団名鑑	238 – 246
全競技の結果	248 – 255

監修／公益財団法人 日本オリンピック委員会（JOC）
撮影／アフロスポーツ（JOC公式写真チーム）、AP、REUTERS

開会式 / Photo: G.Bull

開会式

マラカナン競技場にはサンバのリズムが流れ、
まばゆい色とりどりの光が包む。
開会式のテーマは環境保護と平和。
情熱あふれる国ブラジル、リオデジャネイロで
南米で初となるオリンピックが華やかに開幕した。

聖火台に点火を行う最終聖火ランナーは、バンデルレイ・デ・リマ氏。
2004年アテネ大会の男子マラソンでゴール目前まで首位を走りながら
突然の乱入者により金メダルを逃したが、最後まであきらめず銅メダルを獲得した
ブラジルの名ランナー。太陽をモチーフにした美しい聖火台に笑顔で火を灯した。

過去最多となる205の国と地域から約1万1000人の選手が参加。
17日間に渡り28競技306種目で熱き戦いを繰り広げる。
日本選手は338人が参加。主将は吉田沙保里、旗手は右代啓祐が務めた。

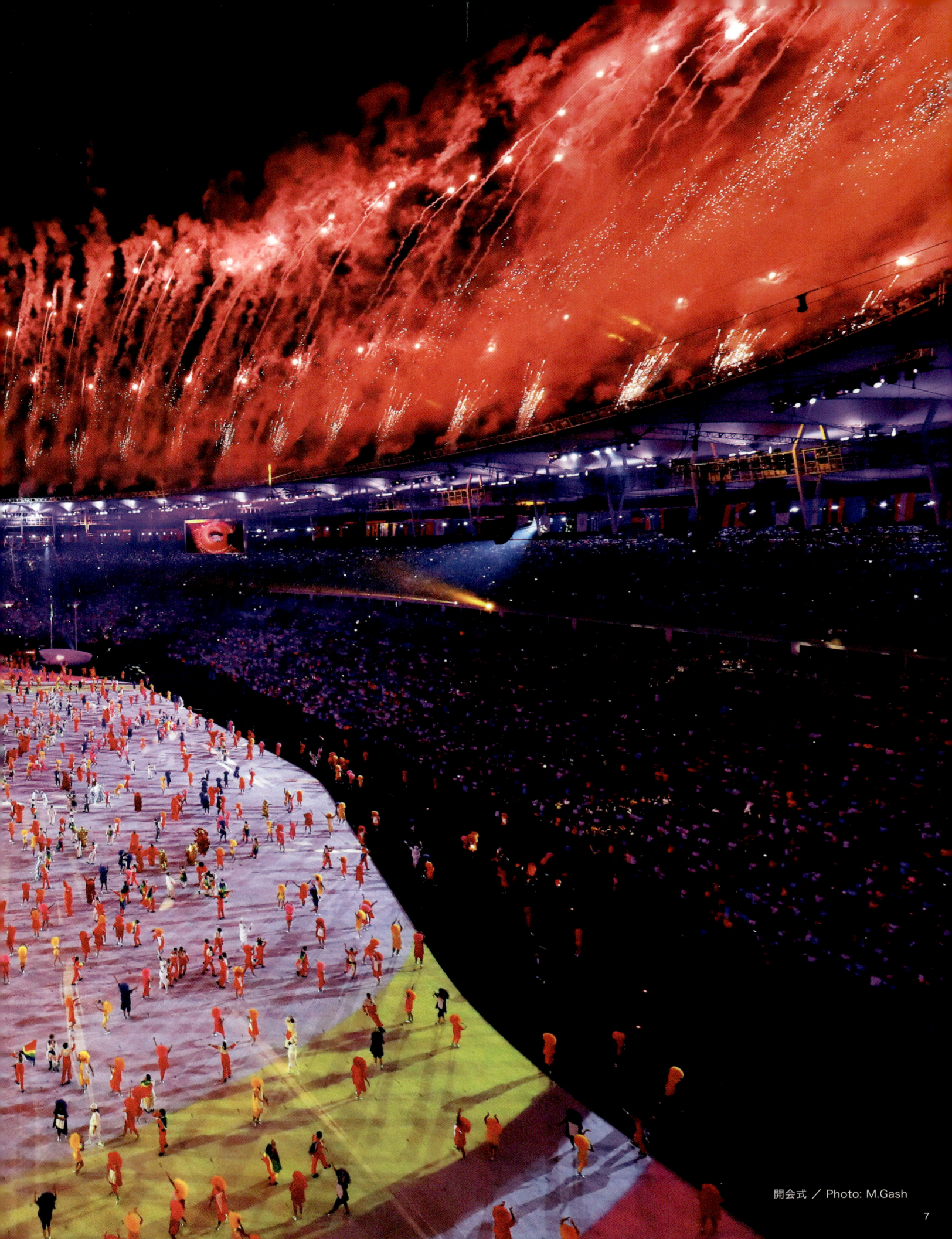

開会式／Photo: M.Gash

日本代表選手団の入場行進。旗手は陸上男子10種競技の右代啓祐が務めた 開会式／Photo: K.Aoki

開会式／Photo: D.Goldman

開会式／Photo: Y.Nakanishi

開会式 ／ Photo: Y.Osada

開会式 ／ Photo: K.Pfaffenbach

柔道

日本柔道がメダルラッシュに沸いた。
男子、女子合わせて金3個、銀1個、銅8個の計12個の
歴代最多となるメダルを獲得。
男子90kg級のベイカー茉秋は
決勝までの4試合をすべて一本勝ちで進み、
金メダルをかけた試合こそ優勢勝ちではあったが、
最後まで積極的に攻め続ける柔道を見せた。
73kg級の大野将平は初戦から対戦相手に
圧倒的な力の差を見せ、こちらも攻める柔道で
決勝戦は小内巻き込みを決め
一本勝ちで金メダルを手にした。
女子70kg級の田知本遥は前回ロンドン大会7位の
雪辱を晴らし、合わせ技一本で頂点を勝ち取った。
日本のお家芸と呼ばれる柔道。
メダルの数だけでなくその内容においても
2020年東京大会へ向けて復活の狼煙となった。

金メダルを獲った試合後、対戦選手に深々と礼をした　男子73kg級　金メダル　大野 将平 ／ Photo: T.Hanai

男子73kg級　金メダル　大野 将平 ／ Photo: YUTAKA

男子90kg級　金メダル　ベイカー 茉秋 ／ Photo: Y.Nakanishi

ベイカー 茉秋 ／ Photo: T.Hanai

ベイカー 茉秋 ／ Photo: Y.Nakanishi

男子90kg級で日本人初の金メダルをもたらした ベイカー 茉秋 ／ Photo: Y.Nakanishi

17

女子70kg級では北京大会以来の金メダル　田知本 遥 ／ Photo: Y.Nakanishi

男子100kg超級　銀メダル　原沢 久喜／Photo: T.Hanai

決勝戦ではフランスのテディ・リネールと対戦　銀メダル　原沢 久喜／Photo: T.Hanai

男子100kg級　銅メダル　羽賀 龍之介 ／ Photo: Y.Nakanishi

男子81kg級　銅メダル　永瀬 貴規 ／ Photo: M.Schreiber

2大会連続の銅メダル　男子66kg級　海老沼 匡 ／ Photo: K.Aoki

男子60kg級　銅メダル　髙藤 直寿 ／ Photo: K.Aoki

女子78kg超級　銅メダル　山部 佳苗／Photo: Y.Osada

女子57kg級　銅メダル　松本 薫／Photo: YUTAKA

女子52kg級　銅メダル　中村 美里／Photo: YUTAKA

女子48kg級　銅メダル　近藤 亜美／Photo: YUTAKA

女子63kg級　5位入賞　田代 未来 ／ Photo: YUTAKA

女子78kg級　梅木 真美 ／ Photo: Y.Nakanishi

水泳／競泳

男子400m個人メドレーで萩野公介が金メダル、瀬戸大也は銅メダルを獲得。
常に意識し合うライバル同士の2人だが、共に立つオリンピックの表彰台で抱き合い喜びを分かち合った。
萩野公介は200m個人メドレーでも銀、4×200mリレーでは銅と今大会で3つの色のメダルを揃えた。
女子200m平泳ぎでは金藤理絵が、2位ロシアのエフィモワを1.62秒突き放す圧勝で金メダルを獲得。
ロンドン大会では代表に選ばれず涙をのんだが、今大会でその雪辱を見事に果たした。
今大会の競泳で、日本は金メダル2個、銀メダル2個、銅メダル3個の計7個のメダルを獲得し、
2020年東京大会へ向けての大きな期待を感じさせてくれた。

男子400m個人メドレー　金メダル　荻野 公介　／　Photo: D.J.Phillip

男子200m自由形　7位入賞　萩野 公介 ／ Photo: Y.Osada

男子200m個人メドレー　銀メダル　萩野 公介 ／ Photo: Y.Osada

男子200m自由形 7位入賞 荻野 公介 ／ Photo: Y.Osada

競泳では2大会ぶり、男子400m個人メドレーでは日本人初の金メダルを獲得
荻野 公介 ／ Photo: Y.Osada

女子200m平泳ぎ　金メダル　金藤 理絵／Photo: D.Ebenbichler

金藤 理絵／Photo: S.Wermuth

金藤 理絵 ／ Photo: Y.Osada

女子200m平泳ぎで24年ぶりとなる金メダルを獲得　金藤 理絵／ Photo: Y.Osada

決勝では激しい追い上げを見せ、アメリカのマイケル・フェルプスをあと一歩のところまで追い詰めた　男子200mバタフライ　銀メダル　坂井 聖人 ／ Photo: M.Meissner

男子200mバタフライ　銀メダル　坂井 聖人 ／ Photo: Y.Osada

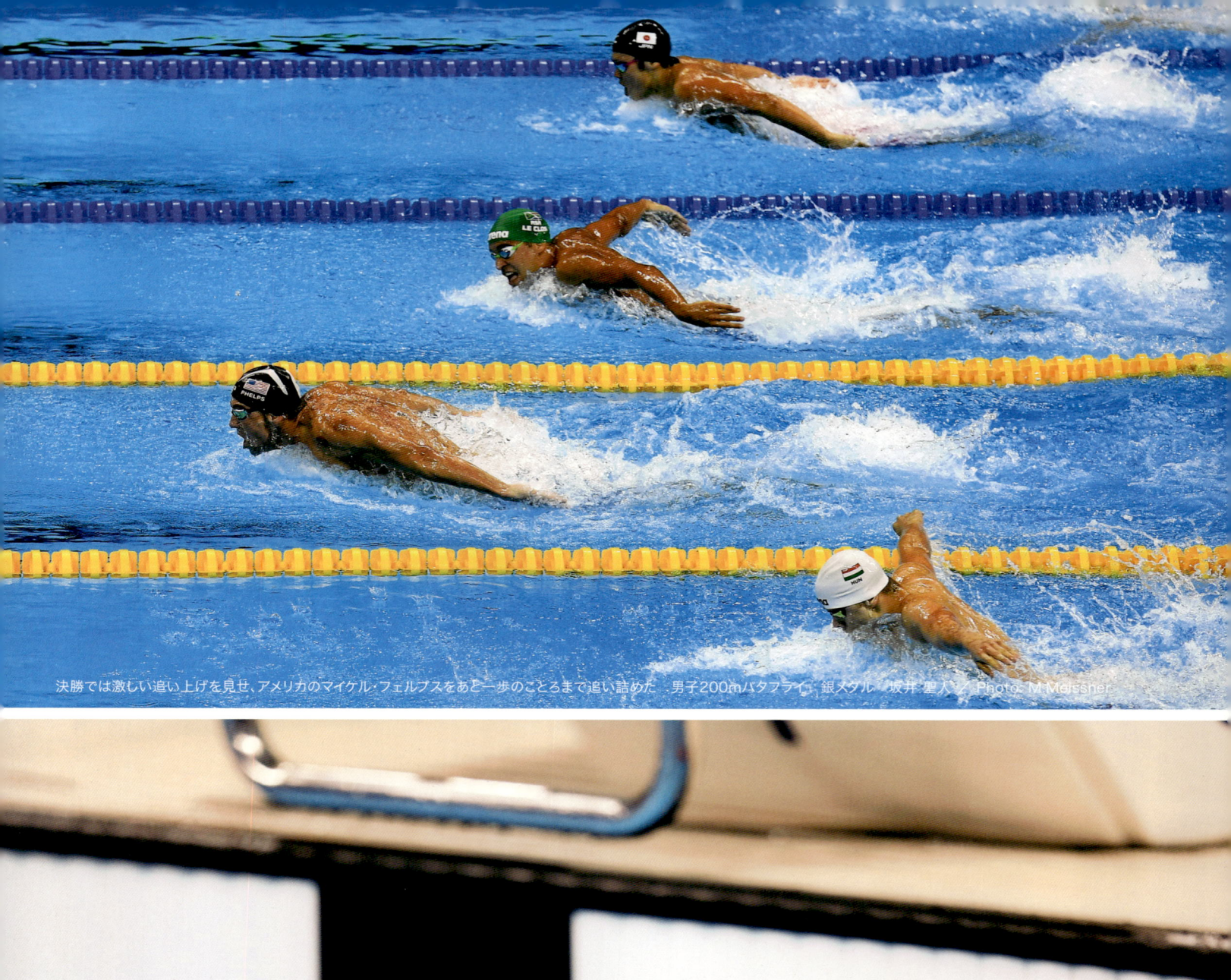

男子400m個人メドレー　銅メダル　瀬戸 大也 ／ Photo: D.Ebenbichler

男子400m個人メドレー　銅メダル　瀬戸 大也 ／ Photo: D.Gray

ロンドン大会に続き2大会連続の銅メダル　女子200mバタフライ　銅メダル　星 奈津美／Photo: Y.Nakanishi

男子400m自由形　江原 騎士／Photo: Y.Osada

男子4×200mリレー　銅メダル　松田 丈志　／ Photo: Y.Osada

男子4×200mリレーで1964年東京大会以来52年ぶりとなる銅メダルを獲得
左から萩野 公介、小堀 勇氣、江原 騎士　／ Photo: Y.Osada

女子4×200mリレー　持田 早智／Photo: Y.Osada

女子4×100mリレー
松本 弥生、山口 美咲、池江 璃花子、内田 美希／Photo: Y.Osada

女子400m個人メドレー　髙橋 美帆／Photo: Y.Osada

女子200m平泳ぎ　渡部 香生子／Photo: D.J.Phillip

女子200m個人メドレー　今井 月／Photo: Y.Osada

女子400m個人メドレー　8位入賞　清水 咲子／Photo: K.Aoki

女子200mバタフライ　長谷川 涼香／Photo: Y.Osada

男子4×100mメドレーリレー　5位入賞
小関 也朱篤、入江 陵介、藤井 拓郎／Photo: Y.Osada

女子200m個人メドレー　寺村 美穂　／ Photo: M.Meissner

女子100m平泳ぎ　鈴木 聡美　／ Photo: Y.Osada

男子4×100mフリーリレー
8位入賞　小長谷 研二、中村 克、塩浦 慎理、古賀 淳也　／ Photo: Y.Osada

男子200m背泳ぎ　金子 雅紀　／ Photo: Y.Osada

男子200m個人メドレー　4位入賞　藤森 太将　／ Photo: Y.Osada

男子100m平泳ぎ　渡辺 一平　／ Photo: Y.Osada

男子100m背泳ぎ
長谷川 純矢　／ Photo: Y.Osada

女子4×100mメドレーリレー
酒井 夏海　／ Photo: Y.Osada

女子4×200mリレー
左から五十嵐 千尋、池江 璃花子、青木 智美　／ Photo: Y.Osada

10kmマラソン（オープンウォーター）

2大会連続となる平井康翔が8位。
北京大会で正式種目になって以来、
日本人として初の入賞を果たした。

男子10kmマラソン　8位入賞
平井康翔／Photo：Y.Osada

女子10kmマラソン　貴田 裕美／Photo: C.Barria

水泳／飛込

女子10m高飛込で板橋美波が日本人選手として1936年以来80年ぶりとなる8位入賞を果たした。
この競技では中国が圧倒的な力を見せ、8種目中7種目で金メダルを獲得。
中国にとって合計10個のメダルラッシュとなった。

男子3m飛板飛込　坂井 丞／Photo: Y.Osada

女子10m高飛込　8位入賞　板橋 美波／Photo: Y.Osada

5度目のオリンピック出場　男子3m飛板飛込　寺内 健／Photo: Y.Osada

バドミントン

女子ダブルスで髙橋礼華、松友美佐紀ペアが日本バドミントンで初となる金メダルを獲得。歴史的な快挙を成し遂げた。
デンマークペア相手の決勝戦、1-1で迎えた第3ゲームで16-19と追い込まれるも、執念の5連続ポイントで見事逆転勝利をつかんだ。
女子シングルスでも奥原希望が銅メダル。
準々決勝では日本の山口茜との対決に勝利し「彼女の分まで戦う」と誓い、女子シングルスでは初のメダルを手に入れた。

金メダルに輝いた瞬間、喜びを爆発させる髙橋 礼華（左）と松友 美佐紀 ／ Photo: K.Aoki

女子ダブルス　金メダル　松友 美佐紀(左)、髙橋 礼華 ／ Photo: K.Aoki

松友 美佐紀 ／ Photo: K.Aoki

両国の応援団が見守る中行われたデンマークとの決勝戦　髙橋 礼華、松友 美佐紀 ／ Photo: YUTAKA

髙橋 礼華、松友 美佐紀 ／ Photo: K.Cheung

女子ダブルス　金メダル　松友 美佐紀（左）、髙橋 礼華 ／ Photo: YUTAKA

髙橋 礼華（前）、松友 美佐紀 ／ Photo: YUTAKA

松友 美佐紀(左)、髙橋 礼華 ／ Photo: K.Aoki

髙橋 礼華(左)、松友 美佐紀 ／ Photo: K.Aoki

女子シングルス　銅メダル　奥原 希望 ／ Photo: K.Aoki

奥原 希望／Photo: S.Tamura

奥原 希望／Photo: K.Aoki

男子ダブルス　5位入賞　遠藤 大由(左)、早川 賢一　／　Photo: K.Aoki

ミックスダブルス　5位入賞　栗原 文音(前)、数野 健太　／　Photo: M.D. Pozo

女子シングルス　5位入賞　山口 茜 ／ Photo: K.Aoki

男子シングルス　佐々木 翔 ／ Photo: K.Cheung

ラグビーフットボール

1924年のパリ大会以来92年ぶりの開催となるラグビー。
7人制としてはオリンピック競技初の実施となった。
男子日本チームは初戦で優勝候補ニュージーランドと対戦し、
見事な逆転勝利を収めた。結果は惜しくも4位であったが、準々決勝では
フランスに勝利する活躍も見せ、十分にメダルを狙える実力があることを示してくれた。
7人制ラグビー初の優勝国となったのは、男子はフィジー、女子はオーストラリア。
フィジーは、オリンピックのメダル獲得自体が初めてで、国民が歓喜に沸いた。

日本 vs フランス　男子　日本チーム ／ Photo: A.Perawongmetha

男子　日本 vs フランス　羽野 一志（左）、合谷 和弘 ／ Photo: T.Hadebe

男子　日本 vs ニュージーランド　トゥキリ ロテ ／ Photo: Y.Nakanishi

ニュージーランドを相手に先制トライを決めた　後藤 輝也 ／ Photo: Y.Nakanishi

男子　日本 vs 南アフリカ　レメキ ロマノ ラヴァ(左)、トゥキリ ロテ ／ Photo: E.Calderoni

男子　日本 vs フィジー　豊島 翔平 / Photo: YUTAKA

男子　日本 vs 南アフリカ　桑水流 裕策 / Photo: E.Calderoni

準々決勝でフランスに逆転勝利
男子　日本 vs フランス　副島 亀里 ララボウ ラティアナラ / Photo: T.Hadebe

男子　日本 vs 南アフリカ　福岡 堅樹(左)、羽野 一志 ／ Photo: P.Noble

男子　日本 vs イギリス　彦坂 匡克 ／ Photo: Y.Nakanishi

男子　日本 vs フランス　合谷 和弘 ／ Photo: T.Hadebe

男子　日本 vs フィジー　德永 祥尭 ／ Photo: YUTAKA

女子　日本 vs ブラジル　山口 真理恵(左)、横尾 千里 ／ Photo: E.Calderoni

女子　日本チーム ／ Photo: Y.Nakanishi

女子 日本 vs カナダ 桑井 亜乃 ／ Photo: A.Bianchi

女子 日本 vs ブラジル 山口 真理恵（左）、中村 知春 ／ Photo: T.Hadebe

ゴルフ

1904年セントルイス大会以来112年ぶりにオリンピック競技に復活したゴルフ。
今大会のため海岸近くの砂地に、リンクスコースの趣を取り入れた、オリンピックゴルフコースが新設された。
女子では野村敏京が活躍。
最終日は15位からスタート、6バーディー、ノーボギーの65で2番目のスコアを出し、4位入賞を果たした。
現在のゴルフのルールになって初といえる今大会は、男女ともにゴルフ界を代表する実力者が頂点に立った。
男子ではイギリスのジャスティン・ローズ、女子は韓国の朴仁妃が金メダルに輝いた。

Photo: F.Froger

女子　4位入賞　野村 敏京 ／ Photo: K.Aoki

野村 敏京 ／ Photo: K.Aoki

女子　大山 志保／Photo: K.Aoki

男子　片山 晋呉／Photo: K.Aoki

男子　池田 勇太 ／ Photo: K.Aoki

男子　池田 勇太 ／ Photo: K.Aoki

卓球

水谷隼が大活躍。男子シングルスの3位決定戦では銅メダル、
団体においては銀メダル獲得の立役者となった。
団体準決勝のシングルスではドイツのティモ・ボルとバスティアン・シュテーガーを
共にストレートで破り快勝。
決勝の中国戦はチームでは敗れはしたものの、過去0勝12敗の許昕に勝利する
大健闘を見せた。卓球男子では初となるメダルを2つ日本にもたらした。
女子団体では福原愛が最年長としてチームをまとめ、
エース石川佳純と伊藤美誠と共にチームワークで銅メダルを獲得した。
15歳で2004年のアテネ大会に出場し、今大会で4大会連続出場となった福原愛。
圧倒的な強さを誇る中国の選手たちと長年渡り合ってきた彼女は、
日本だけでなく中国の人々にも感動を与えてきた。
卓球への注目度を上げ子供達が愛ちゃんに続けと卓球を始めるきっかけを作った彼女の存在が、
今の日本女子卓球のレベルアップに大きく貢献したといえるのではないだろうか。

男子シングルス　銅メダル　水谷 隼 ／ Photo: K.Aoki

卓球男子団体では初となる銀メダルを獲得　水谷 隼 ／ Photo: K.Aoki

男子シングルス　銅メダル　水谷 隼 ／ Photo: P.Giannakouris

男子シングルスでは3位決定戦に勝利して銅メダルを獲得
水谷 隼 ／ Photo: G.Fuentes

男子シングルス　銅メダル　水谷 隼／Photo: K.Aoki

男子シングルス　5位入賞　丹羽 孝希／Photo: Y.Osada

男子団体　銀メダル　日本 vs ドイツ　丹羽 孝希(左)、吉村 真晴 ／ Photo: K.Aoki

男子団体　銀メダル　左から丹羽 孝希、吉村 真晴、倉嶋 洋介 監督、水谷 隼 ／ Photo: K.Aoki

4大会連続出場の福原愛　女子団体　銅メダル ／ Photo: K.Aoki

女子シングルス　4位入賞　福原 愛 ／ Photo: K.Aoki

女子団体　銅メダル　石川 佳純 ／ Photo: K.Aoki

女子団体　銅メダル　日本 vs シンガポール　石川 佳純 ／ Photo: K.Aoki

女子団体　銅メダル　伊藤 美誠（左）、福原 愛 ／ Photo: YUTAKA

女子団体3位決定戦の第4試合、伊藤美誠がストレート勝ちで銅メダルを決めた　日本 vs シンガポール ／ Photo: K.Aoki

体操／新体操

団体、個人共に金メダルを獲得したのはロシア。
2000年シドニー大会から続くオリンピック5連覇となり、その強さはとどまるところを知らない。
日本からは団体に杉本早裕吏、松原梨恵、畠山愛理、横田葵子、熨斗谷さくらが出場。
サンバのリズムに合わせた躍動的な演技で会場を魅了した。
個人総合には皆川夏穂が、日本人として2004年アテネ大会以来3大会ぶりの出場を果たした。

団体　日本チーム ／ Photo: S.Tamura

個人総合の日本選手出場はアテネ大会以来12年ぶり　皆川 夏穂 ／ Photo: S.Tamura

個人総合　皆川 夏穂 ／ Photo: D.Lovetsky

ロシアは5大会連続の金メダルを獲得　個人総合　マハガリタ・マムン（ロシア）／ Photo: K.Aoki

体操／トランポリン

棟朝銀河の活躍が光った。
3回宙返りを5度行う高難度の技を繰り出し4位と健闘。
表彰台までその差はわずか0.640点。実力はメダル圏内であることは確かである。
日本の男子トランポリンは3大会連続4位。
4年後の次こそはメダルが見られるかもしれない。

女子　中野 蘭菜／Photo: R.Sprich

初出場にして4位入賞を果たした　男子　棟朝 銀河 ／ Photo: S.Tamura

男子　6位入賞　伊藤 正樹 ／ Photo: S.Tamura

近代五種

近代五種は、フェンシング、水泳、馬術、コンバインド（射撃、ランニング）と、全く異なる運動要素を持った5種目行う非常に過酷な複合スポーツである。選手には瞬発力、持久力、集中力、自制力など多岐にわたる能力が必要とされる。女子では朝長なつ美が男女を通じ日本勢過去最高の13位に入る健闘を見せた。女子の金メダルはオーストラリアのクロエ・エスポジト。男子ではロシアのアレクサンドル・レスンが金メダルに輝いた。

男子　岩元 勝平 / Photo: Y.Nakanishi

男子 三口 智也 ／ Photo: Y.Nakanishi

男子 三口 智也 ／ Photo: Y.Nakanishi

女子　朝長 なつ美 ／ Photo: J.Lee

女子　朝長 なつ美 ／ Photo: YUTAKA

85

馬術

障害飛越に出場したのは、夏季オリンピックで日本史上最多の6大会連続出場を果たした
杉谷泰造、そして今大会の日本選手団最年長選手の桝井俊樹らが出場した。
予選敗退とはなったが、競技後の彼らの充実した表情は
オリンピックに出場することの意義と素晴らしさを我々にしっかりと伝えてくれた。

馬場馬術 黒木 茜 ／ Photo: T.Gentile

馬場馬術 原田 喜市 ／ Photo: T.Gentile

馬場馬術　北井 裕子　／　Photo: T.Gentile

オリンピック初出場にして今大会の日本選手団最年長選手　障害飛越　桝井 俊樹　／　Photo: J.Locher

総合馬術　北島 隆三 ／ Photo: T.Gentile

総合馬術　大岩 義明 ／ Photo: A.Latif

障害飛越　武田 麗子 ／ Photo: T.Gentile

馬場馬術　髙橋 正直 ／ Photo: T.Gentile

夏季オリンピックで国内最多の6大会連続出場　障害飛越　杉谷 泰造／Photo: T.Gentile

障害飛越　福島 大輔／Photo: J.Locher

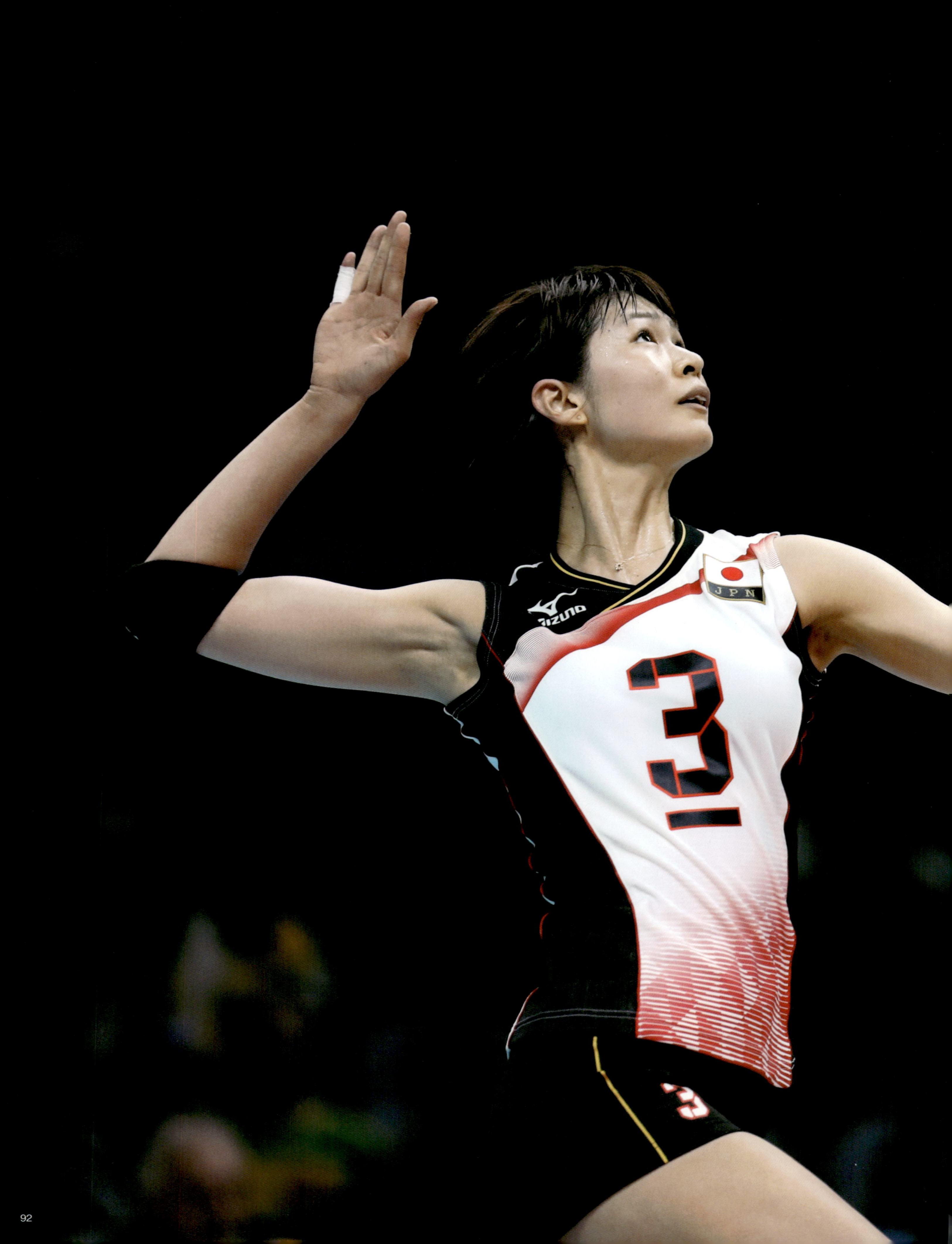
JPN
MIZUNO
3

バレーボール

決勝ラウンドに勝ち進んだ女子日本代表は、準々決勝でアメリカと対戦。
アメリカは世界ランキング1位、しかも1次リーグを5勝0敗で勝ち上がった強豪。
その圧倒的な力の前に敗れはしたが、木村沙織のスパイクなどで
7連続ポイントを奪うなど同点に持ち込む健闘も見せた。
日本女子チーム最年少の宮下遥は「次につなげないといけない。これから挑戦したい」と
来たる4年後を見据えていた。

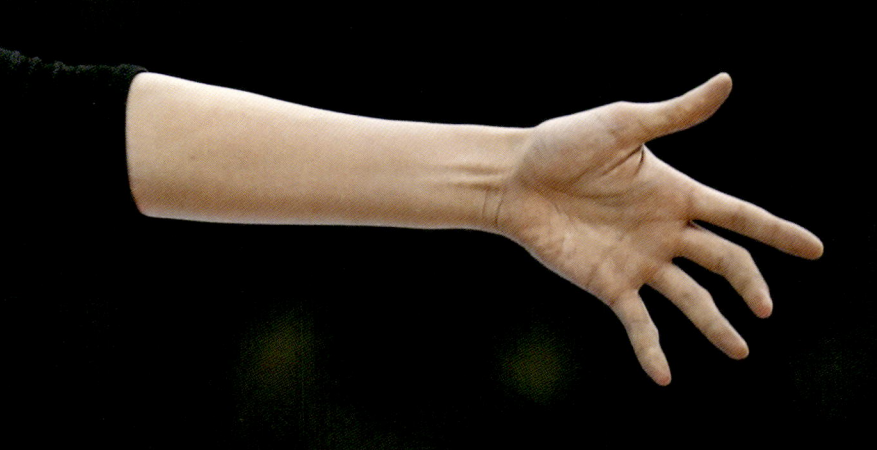

4大会連続出場を果たした木村沙織　女子バレーボール　/　Photo: K.Aoki

決勝トーナメントではアメリカに敗れるも5位入賞　女子バレーボール　日本 vs アメリカ　木村 沙織　／ Photo: E.Calderoni

日本 vs ロシア　日本チーム ／ Photo: K.Aoki

日本 vs 韓国　日本チーム　長岡 望悠 ／ Photo: K.Aoki

日本チーム ／ Photo: M.Rourke

95

女子バレーボール　5位入賞　日本 vs 韓国　日本チーム ／ Photo: K.Aoki

石井 優希 ／ Photo: E.Calderoni

宮下 遥／Photo: Y.Nakanishi

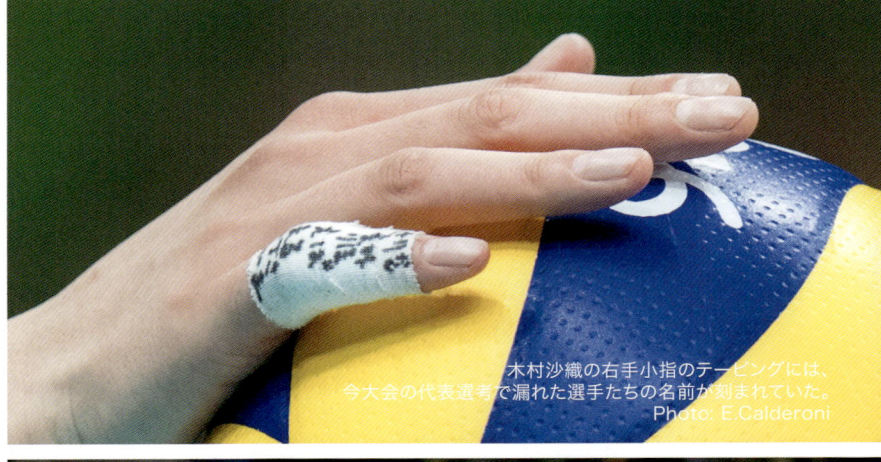

木村沙織の右手小指のテーピングには、
今大会の代表選考で漏れた選手たちの名前が刻まれていた。
Photo: E.Calderoni

佐藤 あり紗／Photo: K.Aoki

日本 vs アメリカ　木村 沙織／Photo: Y.Nakanishi

レスリング

女子フリースタイル58kg級の伊調馨が前人未到の4連覇を成し遂げた。
これはオリンピックの女子選手では初となる偉業である。
伊調は決勝戦でロシアのワレリア・コブロワゾロボワにリードされるが
第2ピリオド残り5秒で奇跡的な大逆転勝利を収めた。
48kg級の登坂絵莉も残り13秒で逆転、
69kg級の土性沙羅も残り30秒での逆転勝利を収め、共に金メダルを獲得。
最後まであきらめない気持ちがメダルの色を変えることを教えてくれた。
63kg級では川井梨紗子も圧勝で金メダル。女子は今大会4つの階級を制覇した。
4大会連続出場の吉田沙保里は金メダルを逃し悔し涙を流したが、
彼女に憧れ共に歩んだ選手たちが大活躍し、今大会の日本女子レスリングを盛り上げた。
男子では、樋口黎がフリースタイル57kg級で銀メダル。
太田忍がグレコローマンスタイル59kg級で共に銀メダルを獲得。
ふたりの目はすでに次回大会での頂点を見据えている。

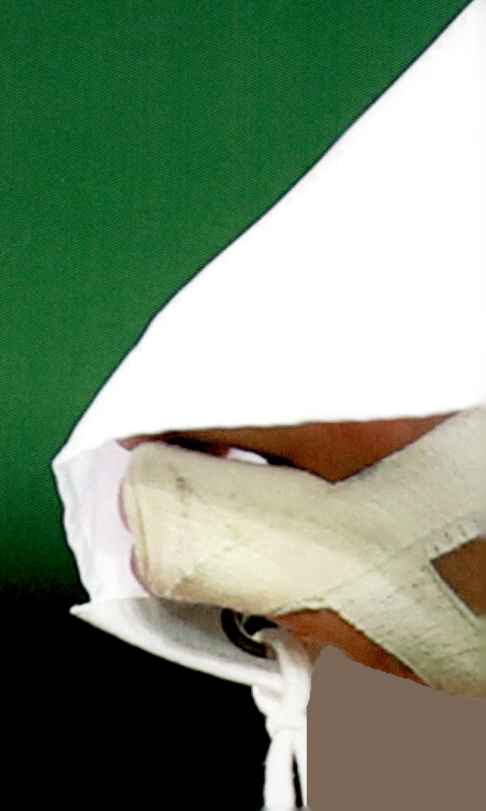

女子フリースタイル58kg級　金メダル　伊調 馨 ／ Photo: K.Aoki

100

オリンピックでは女子選手で初となる4連覇を成し遂げた　女子フリースタイル58kg級　金メダル　伊調 馨／E.Calderoni

女子フリースタイル48kg級　金メダル　登坂 絵莉 ／ Photo: K.Aoki

登坂 絵莉 ／ Photo: K.Aoki

残り13秒で逆転の金メダルを獲得　登坂 絵莉／Photo: K.Aoki

登坂 絵莉／Photo: T. Hanai

女子フリースタイル63kg級　金メダル　川井 梨紗子 ／ Photo: YUTAKA

川井 梨紗子 ／ Photo: K.Aoki

決勝戦は6-0の判定で圧勝　川井 梨紗子 ／ Photo: S.Tamura

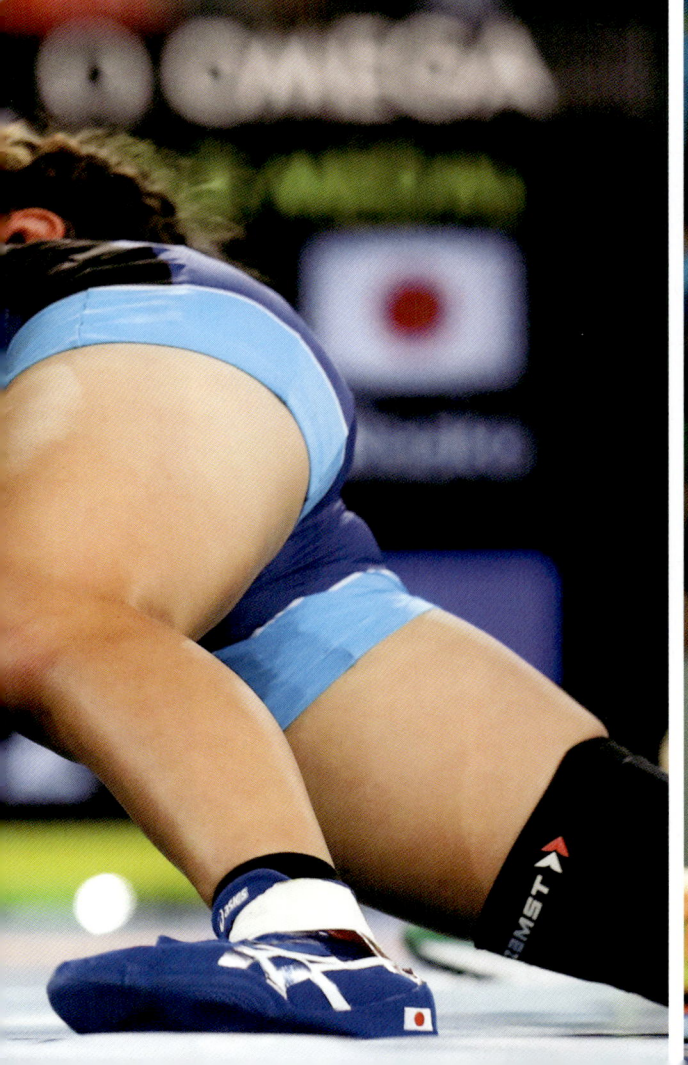

栄和人チームリーダーを投げ飛ばし、メダルの喜びを表現
川井 梨紗子 ／ Photo: E.Calderoni

女子フリースタイル69kg級　金メダル　土性 沙羅 ／ Photo: M.Schreiber

土性 沙羅 ／ Photo: K.Aoki

土性 沙羅 ／ Photo: K.Aoki

残り30秒で逆転の金メダル 土性 沙羅 ／ Photo: S.Tamura

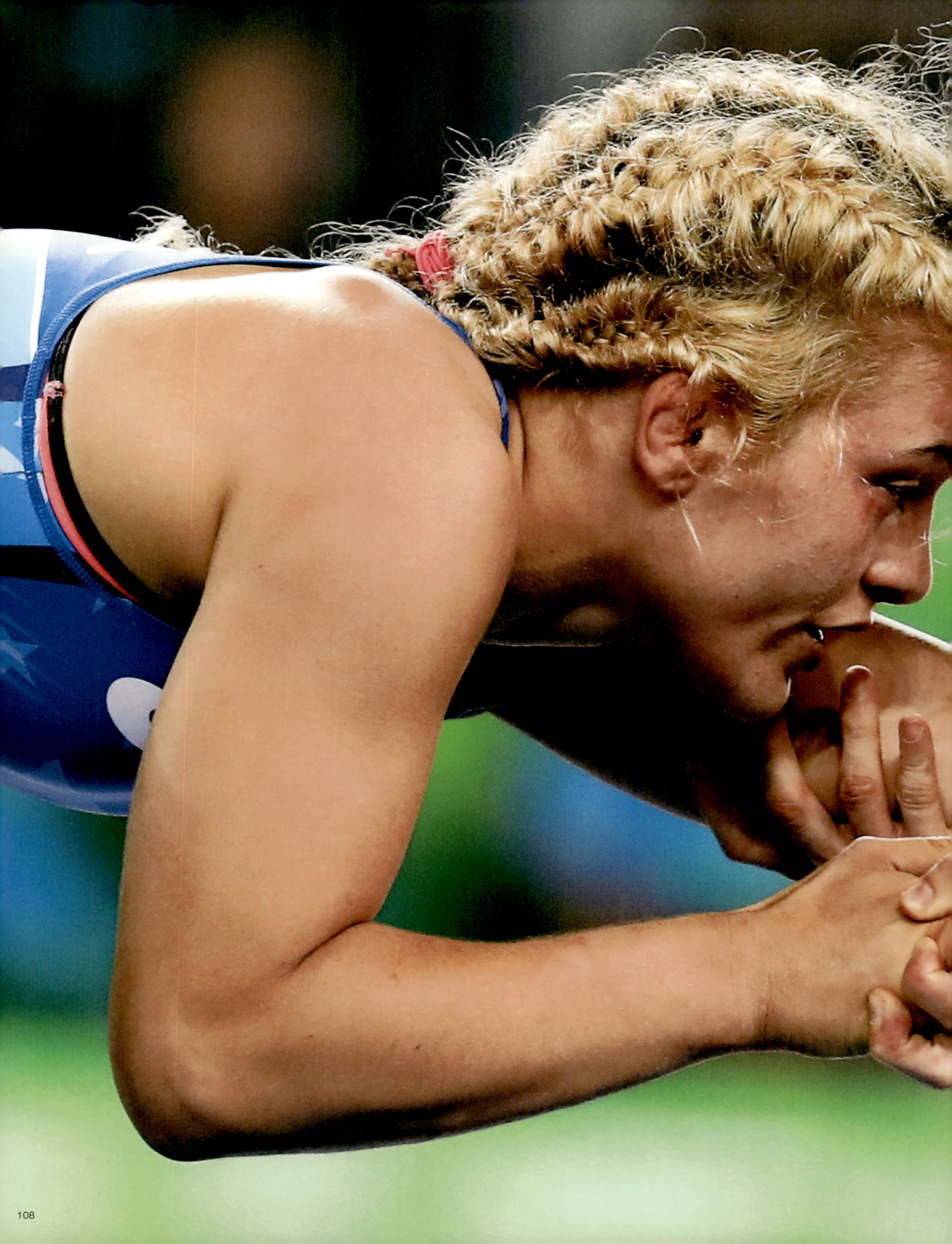

女子フリースタイル53kg級の決勝でヘレン・マルーリスと対戦　銀メダル　吉田 沙保里 ／ Photo: K.Aoki

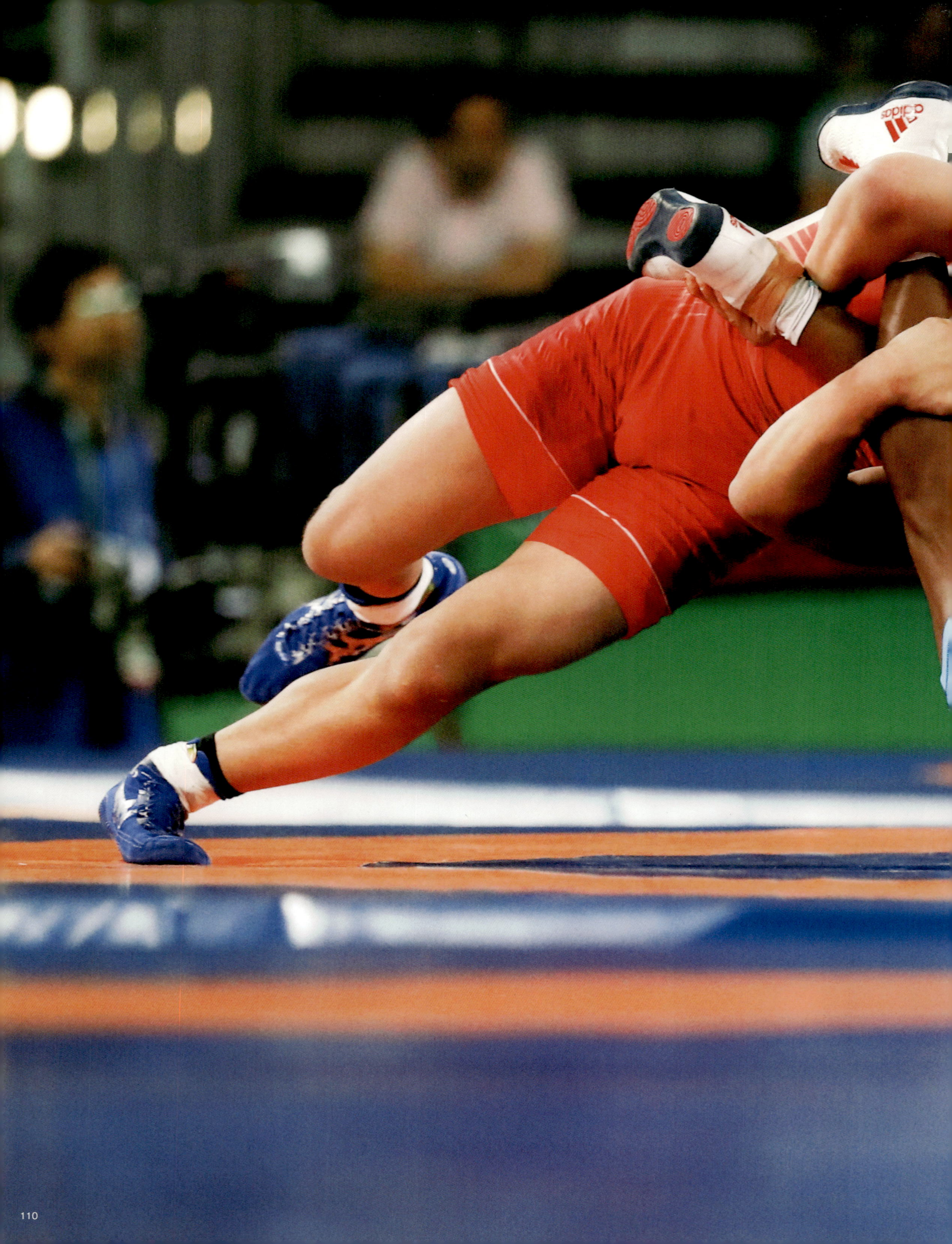
adidas

男子フリースタイル57kg級　銀メダル　樋口 黎 ／ Photo: K.Aoki

グレコローマンスタイルとしては16年ぶりの銀メダルを獲得　男子グレコローマンスタイル59kg級　太田 忍 ／ Photo: K.Aoki

男子グレコローマンスタイル59kg　太田 忍 ／ Photo: T. Hanai

男子グレコローマンスタイル66kg級　5位入賞　井上 智裕 ／ Photo: S.Tamura

男子フリースタイル74kg級　髙谷 惣亮 ／ Photo: Y.Nakanishi

水泳／シンクロナイズドスイミング

チームで銅メダルを獲得した日本。フリールーティンでは
「天照大神」をテーマにした日本らしい楽曲で躍動感ある演技を披露。
アテネ大会以来3大会ぶりのメダルを日本にもたらした。
デュエットでは乾友紀子、三井梨紗子が銅メダル。
日本は前回ロンドン大会でシンクロナイズドスイミングのメダルを初めて逃したが、
その雪辱をみごとに果たしてくれた。圧倒的な強さを見せたのはやはりロシア。
デュエット、チーム共に完璧と言える演技で5連覇を達成。今大会2つの金メダルを勝ち取った。

チーム　銅メダル　日本チーム ／ Photo: K.Aoki

息の合った演技で2大会ぶりにメダルをもたらした デュエット 銅メダル 三井 梨紗子（左）、乾 友紀子 / Photo: E.Calderoni

三井 梨紗子（左）、乾 友紀子 / Photo: M.Sohn

三井 梨紗子(左)、乾 友紀子 ／ Photo: Y.Osada

乾 友紀子、三井 梨紗子 ／ Photo: Y.Osada

チーム　銅メダル　日本チーム ／ Photo: M.Dalder

日本チーム ／ Photo: K.Aoki

日本チーム / Photo: K.Aoki

チーム 銅メダル 日本チーム / Photo: K.Aoki

日本チーム／Photo: K.Aoki

銅メダルが確定し歓喜する日本チーム ／ Photo: M.Dalder

フェンシング

ヨーロッパで発達した剣術が原型の競技で、フルーレ、エペ、サーブルの3種目があり、
使用する剣とルールがそれぞれ異なる。
男子エペ個人では見延和靖が6位と健闘、この種目で日本勢初の入賞を果たした。
過去2大会連続メダリストの太田雄貴は初戦でまさかの敗退であったが、
発祥の地であるヨーロッパのスポーツ文化であり、
日本には無縁と思われていたフェンシングを
日本のスポーツ文化の一つとして定着させた彼の功績は賞賛に値する。

Photo: K.Aoki

女子フルーレ個人　西岡 詩穂／Photo: P.Cziborra

女子サーブル個人　青木 千佳／Photo: YUTAKA

女子エペ個人　8位入賞　佐藤 希望／Photo: E.Calderoni

男子エペ個人　6位入賞　見延 和靖 ／ Photo: A.Medichini

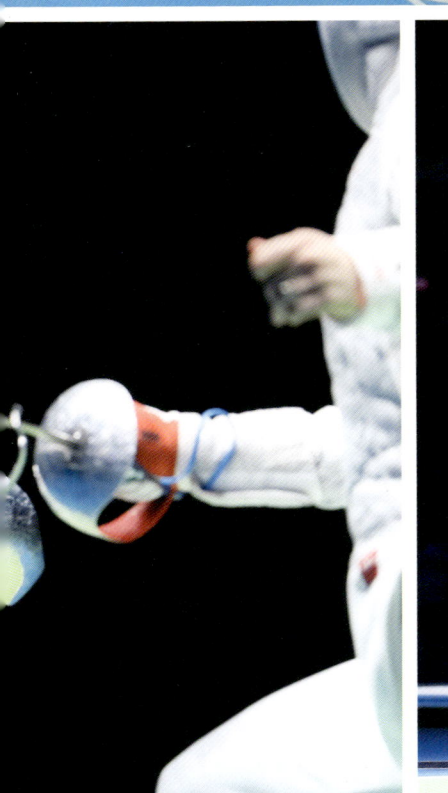

男子サーブル個人　徳南 堅太 ／ Photo: YUTAKA

男子フルーレ個人　太田 雄貴 ／ Photo: K.Aoki

日本国内において、フェンシングの人気を高める活躍を見せた太田雄貴。彼のその功績は賞賛に値する

太田 雄貴 ／ Photo: K.Aoki

射撃／ライフル・クレー射撃

射撃競技は、第1回アテネ大会からの正式種目として歴史も長く、
参加国数は陸上競技に次いで多い競技である。
決められた距離に設置された標的を狙い点数を競うライフル射撃と、
動いている標的を撃ち抜いた枚数で争うクレー射撃の2つに分類される。
銃の種類や標的の数、距離によって種目が異なり、
今大会では男子9種目、女子6種目が行われた。
その中でも注目されたのは男子10mエアピストルのホアン・シャンビン。
彼は母国ベトナムにオリンピック初の金メダルをもたらした。

男子50mライフル3姿勢　山下 敏和　／　Photo: E.Hoshiko

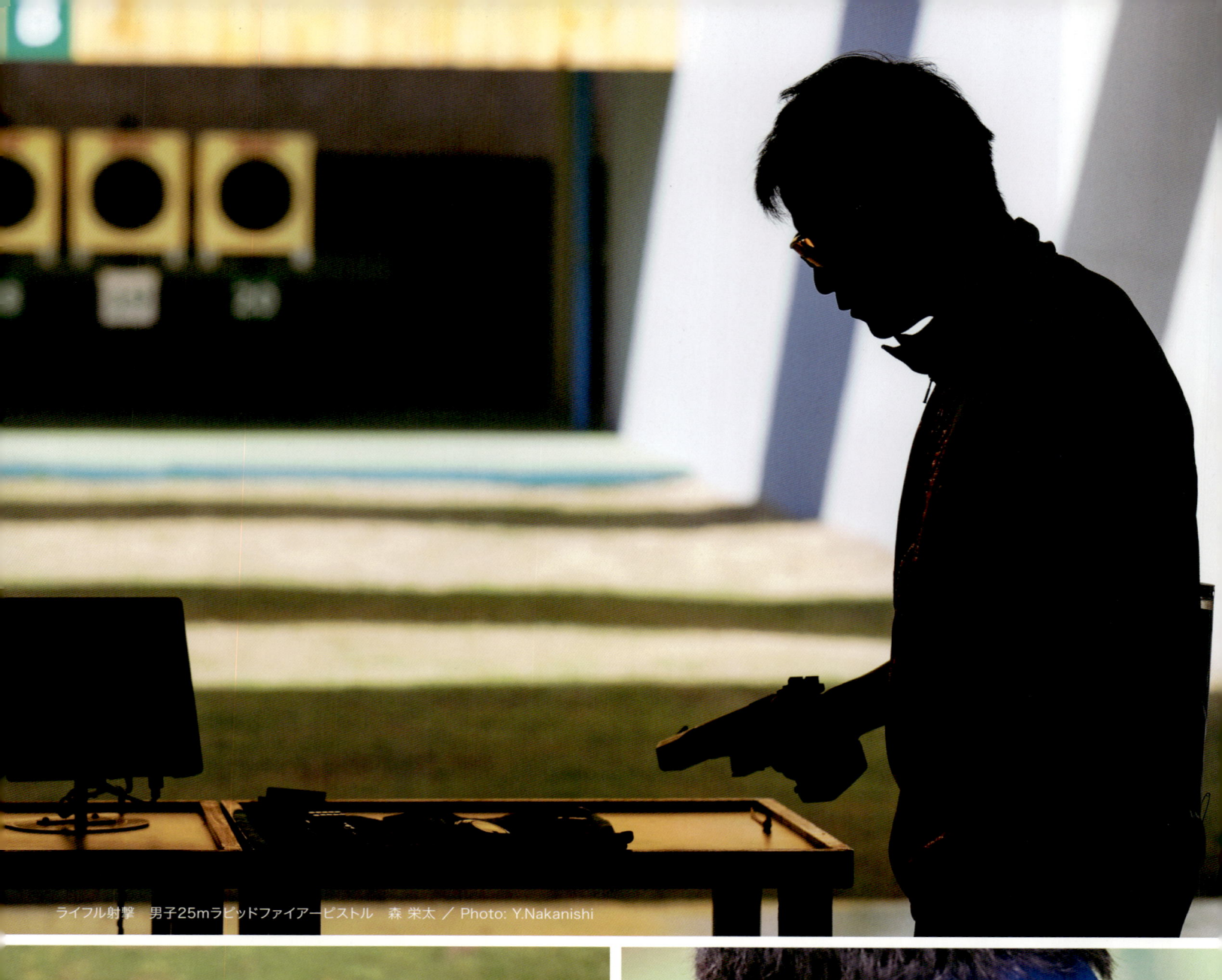

ライフル射撃　男子25mラピッドファイアーピストル　森 栄太 ／ Photo: Y.Nakanishi

クレー射撃　女子スキート　石原 奈央子

ライフル射撃　男子10m立アライフル　岡田 直也 ／ Photo: E.Hoshiko

ライフル射撃　女子10mエアピストル　佐藤 明子／Photo: E.Hoshiko

4度目のオリンピックに挑む
クレー射撃　女子トラップ　中山 由起枝／Photo: E.Garrido

ライフル射撃　男子25mラピッドファイアーピストル
秋山 輝吉／Photo: Y.Nakanishi

ライフル射撃　男子10mエアピストル　松田 知幸／Photo: Y.Nakanishi

アーチェリー

韓国がその強さを見せ、アーチェリーの全種目を制覇する快挙となった。
男子個人で具本粲が優勝、団体でも韓国が金。
女子個人では張恵珍が優勝し同じく団体でも韓国が金。
アーチェリーで4つの金メダルを獲得した。
日本からは男子個人に古川高晴が出場し8位入賞、
女子団体では川中香緒里、林勇気、永峰沙織が出場し、
こちらも8位に入賞する健闘をみせた。

女子個人　林 勇気(左)、永峰 沙綾 ／ Photo: K.Aoki

3大会連続出場　男子個人　8位入賞　古川 高晴 ／ Photo: A.Tarantino

女子個人 ／ Photo: K.Aoki

女子個人　永峰 沙織／Photo: K.Aoki

女子団体　8位入賞　左から永峰 沙織、川中 香緒里、林 勇気／Photo: Y.Nakanishi

男子スラロームカナディアンシングル　銅メダル　羽根田 卓也 ／ Photo: K.Aoki

カヌー

男子スラロームカナディアンシングル決勝で、
羽根田卓也が見事銅メダルを獲得。
この競技における日本勢のメダルは、史上初の快挙となった。
日本には本格的な人工のコースがないため、羽根田は高校卒業後、
カヌーの強豪スロバキアに単身で渡り、その技術を磨いた。
3度目のオリンピックにして悲願のメダルを手に入れた。

兄弟でオリンピックに挑んだ　男子　スラロームカナディアンペア　佐々木 大／佐々木 将汰 ／ Photo: K.Wigglesworth

男子スラロームカナディアンシングル　銅メダル　羽根田 卓也 ／ Photo: K.Aoki

女子スラロームカヤックシングル　矢澤 亜季／Photo: I.Alvarado

男子スラロームカヤックシングル　矢澤 一輝／Photo: K.Aoki

ボート

ボート競技はこぎ手1人に対してオールが1本のスイープ種目と、
こぎ手1人に対してオールが2本のスカル種目の2種目に大きく分けられる。
コースの全長は2000m。
日本からは男女ともに軽量級ダブルスカルにエントリー。男子は大元英照と
中野紘志、女子は大石綾美と冨田千愛のペアが出場。
男女共に決勝に進出する健闘を見せた。

女子軽量級ダブルスカル　冨田 千愛(左)、大石 綾美 ／ Photo: A.Penner

男子軽量級ダブルスカル　中野 紘志、大元 英照 ／ Photo: S.Tamura

セーリング

女子470級で、3回目の出場となる吉田愛、初出場の吉岡美帆ペアが5位入賞を果たした。
全11レースが行われるこのクラスで、第1レースで1位、第2レースでは4位に入り、
一時はトップに立つ場面もあった。
吉田愛は、北京大会とロンドン大会ではともに14位だったが、
メダル争いに絡む素晴らしい戦いぶりを見せてくれた。
日本の入賞はシドニー大会以来4大会ぶりである。

男子470級 土居一斗·今村公彦 / Photo: B.Snyder

シドニー大会以来4大会ぶりの入賞となった。女子470級 5位入賞 吉岡 美帆(左)、吉田 愛 / Photo: G.Armangue

女子レーザーラジアル級 土居 愛実 / Photo: G.Borgia

女子49erFX級 髙野 芹奈、宮川 愛子 / Photo: B.Tessier

女子RS:X級　伊勢田 愛 ／ Photo: B.Armangue

男子RS:X級　富澤 慎 ／ Photo: B.Snyder

男子49er級　髙橋 賢次(左)、牧野 幸雄 ／ Photo: B.Tessier

143

体操／体操競技

男子団体で、日本は決勝最初の種目あん馬での失敗がひびき6位スタートとなったが、
後半に向け演技の精度が上がり5種目目の鉄棒ではロシアを抜いてトップに立った。
最終種目の床では次々と高得点をマークし圧勝。
2004年アテネ大会以来3大会ぶりの金メダルをもたらした。
内村航平は個人総合でも金メダルを獲得。
決勝で最終種目の鉄棒を残してウクライナのベルニャエフに0.901点の
大差をつけられて2位となったが、得意の鉄棒で会心の着地が決まり
劇的な逆転勝利をつかんだ。内村はロンドン大会に次ぐ2連覇。
これは44年ぶり史上4人目の快挙となった。
また女子団体は4位入賞、主将の寺本明日香が
個人総合で8位と健闘した。

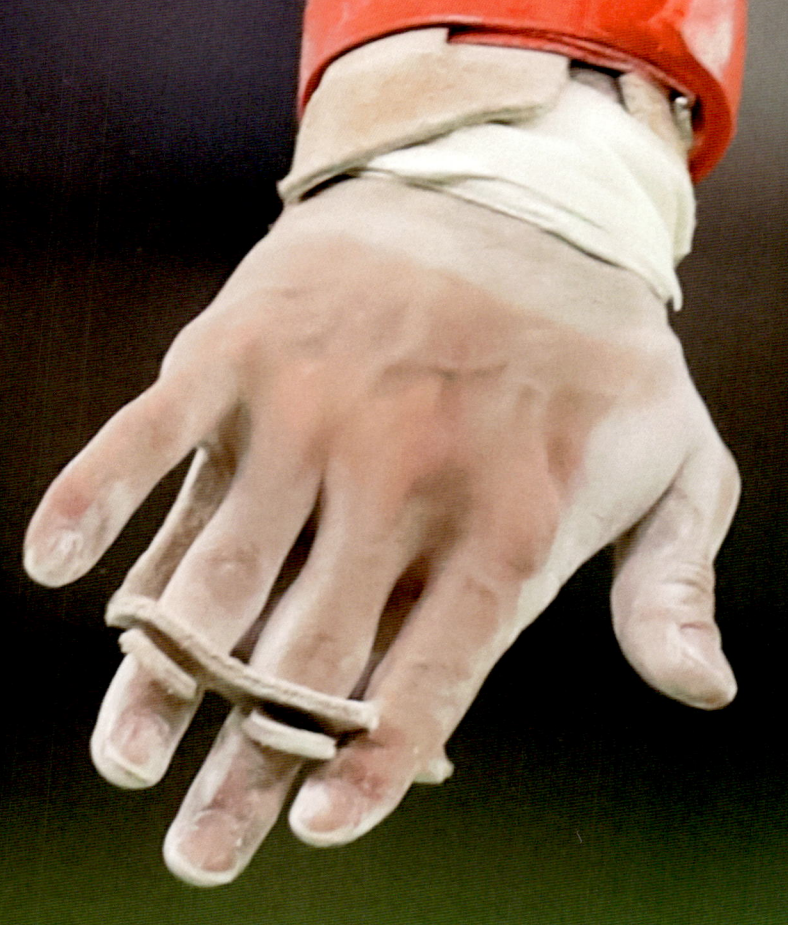

男子個人総合　金メダル　内村 航平 ／ Photo: K.Aoki

男子団体 金メダル 内村 航平 ／ Photo: K.Aoki

男子団体 金メダル 内村 航平 ／ Photo: K.Aoki

男子個人総合　金メダル　内村 航平／Photo: K.Aoki

男子団体　金メダル　内村 航平／Photo: S.Tamura

男子個人総合　金メダル　内村 航平／Photo: K.Pfaffenbach

男子団体　金メダル　内村 航平／Photo: K.Aoki

男子個人総合　金メダル　内村 航平 ／ Photo: K.Aoki

男子団体　金メダル　白井 健三 ／ Photo: K.Aoki

151

男子団体　金メダル　白井 健三 ／ Photo: K.Aoki

男子団体　金メダル　山室 光史 ／ Photo: S.Tamura

男子団体　金メダル　田中 佑典 ／ Photo: K.Aoki

男子団体　金メダル　田中 佑典 ／ Photo: K.Aoki

男子個人総合　加藤 凌平 ／ Photo: K.Pfaffenbach

男子個人総合　加藤 凌平 ／ Photo: K.Aoki

男子団体　金メダル　加藤 凌平／Photo: D.Martinez

男子団体　金メダル　日本チーム／Photo: K.Aoki

女子団体　4位入賞　寺本 明日香／Photo: E.Calderoni

女子団体　4位入賞　寺本 明日香／Photo: K.Aoki

女子種目別ゆか　7位入賞　村上 茉愛／Photo: S.Tamura

女子団体　4位入賞　村上 茉愛／Photo: E.Calderoni

女子団体　4位入賞　杉原 愛子 ／ Photo: K.Aoki

女子団体　4位入賞　杉原 愛子 ／ Photo: S.Tamura

女子団体　4位入賞　日本チーム ／ Photo: S.Tamura

女子種目別段違い平行棒　内山 由綺 ／ Photo: M.Gash

女子団体　4位入賞　宮川 紗江 ／ Photo: E.Calderoni

水泳／水球

32年ぶりにオリンピック出場を果たした男子日本チーム。
体格で勝るヨーロッパ勢相手に苦戦し、1次リーグ敗退とはなったものの、
スピードを活かした速攻を軸にするその戦いで、
オーストラリアやギリシャに対して善戦するなど新たな可能性を見せてくれた。
4年後の東京大会に向けてさらなる成長を期待したい。

Photo: K.Aoki

日本 vs ハンガリー　大川 慶悟／Photo: Y.Osada

日本 vs ブラジル　棚村 克行／Photo: Y.Osada

日本 vs ハンガリー　志賀 光明／Photo: K.Aoki

日本 vs ハンガリー　角野 友紀 ／ Photo: K.Aoki

竹井 昂司 ／ Photo: K.Aoki

自転車

トラック、ロードレース、マウンテンバイク、BMX。
男女合わせて18種目のレースが行われた。
女子ロードレースのタイムトライアルで、
クリスティン・アームストロングは
アメリカの女子で初となる3連覇を達成。
男子チームスプリントでは
イギリスがオリンピック新記録をマークして
ニュージーランドを下し、3連覇を成し遂げた。

男子BMX 長迫 吉拓 ／ Photo: T.D.Waele

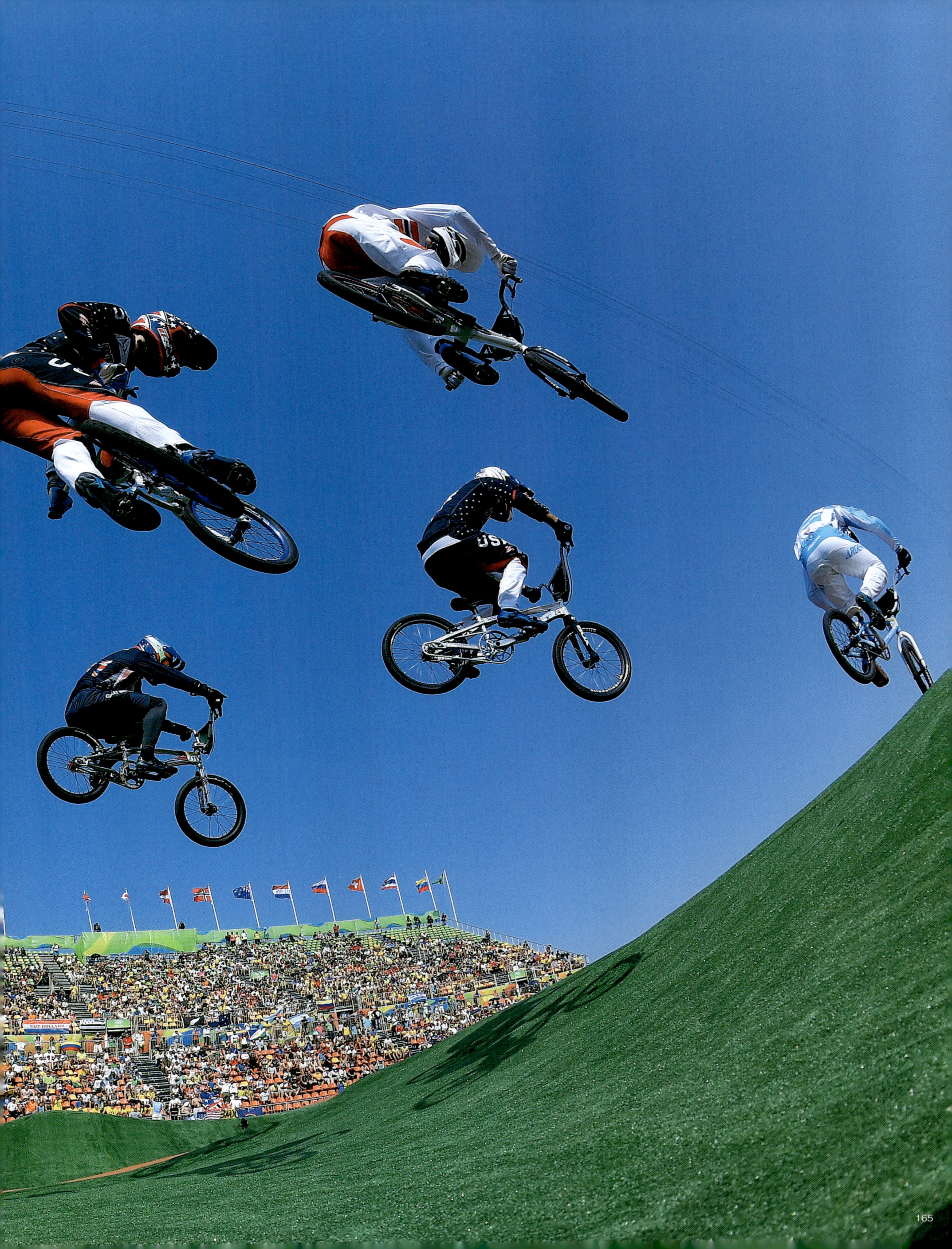

男子スプリント　中川 誠一郎 ／ Photo: P.Hanna

男子ケイリン　渡邊 一成 ／ Photo: P.Hanna

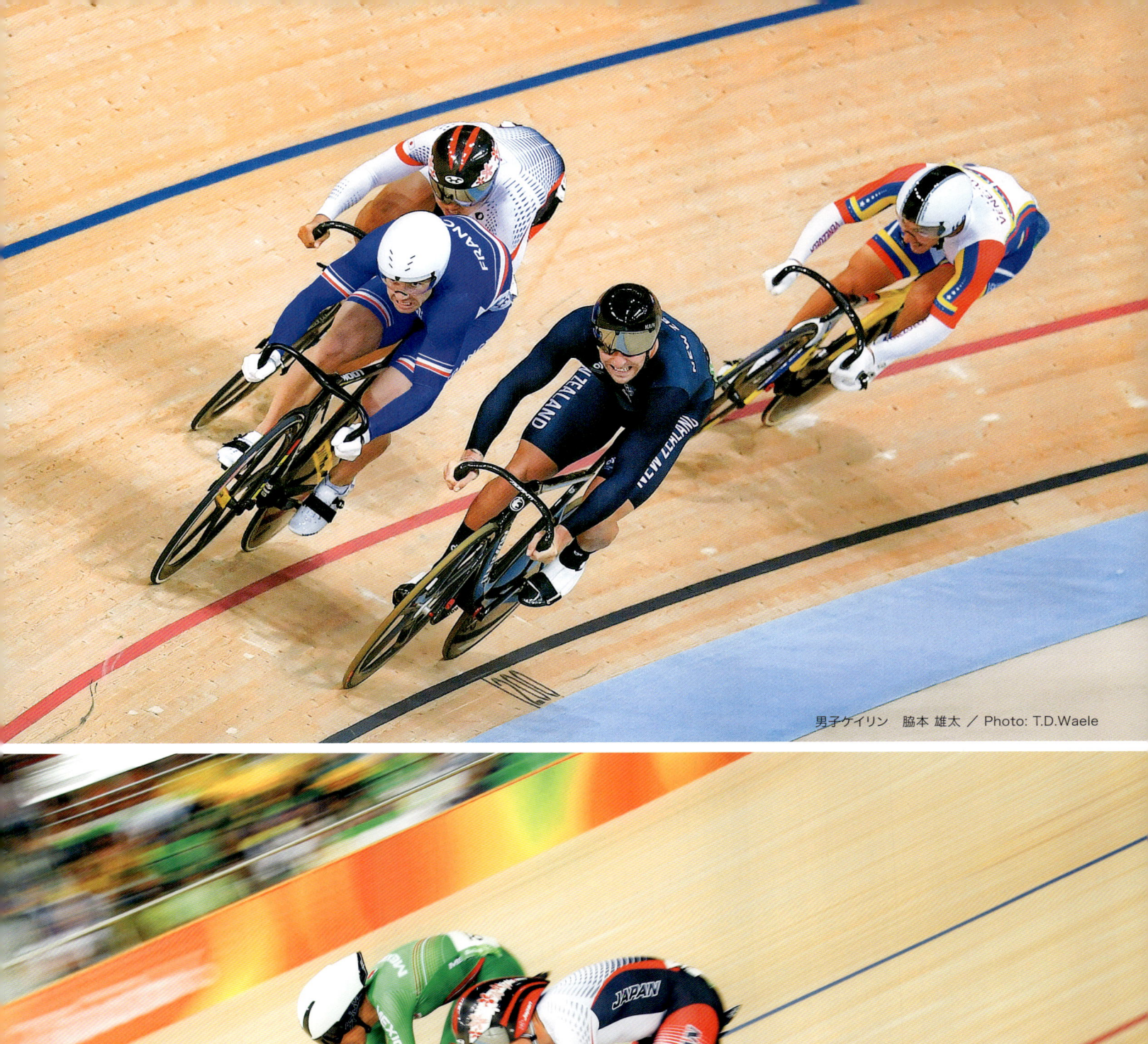

男子ケイリン　脇本 雄太 ／ Photo: T.D.Waele

男子オムニアム　窪木 一茂 ／ Photo: M.Childs

女子オムニアム　塚越 さくら / Photo: S.Tamura

男子個人ロードレース　新城 幸也 / Photo: T.D.Waele

男子マウンテンバイククロスカントリー　山本 幸平 ／ Photo: E.Calderoni

女子個人ロードタイムトライアル　與那嶺 恵理 ／ Photo: M.Childs

トライアスロン

スイム1.5km、バイク40km、ラン10kmの3種目合計51.5kmで争われるトライアスロン。
日本の女子では佐藤優香が健闘を見せた。
最初のスイムでスタートに成功し、先頭集団に加わると、続くバイクを入賞圏内の8位通過。
最後のランでも一時好ポジションに付けたが、結果は15位となった。
惜しくも入賞とはならなかったが日本トライアスロン代表最年少の彼女の活躍は、
2020年東京大会への期待を十分に感じさせてくれるものだった。

男子　田山 寛豪／Photo: S.Tamura

女子　加藤 友里恵／Photo: K.Aoki

女子 佐藤 優香 / Photo: YUTAKA

スイムの舞台となったコパカバーナ海岸／Photo: K.Aoki

女子　上田 藍／Photo: YUTAKA

女子／Photo: C.Barria

男子／Photo: S.Tamura

女子／Photo: K.Aoki

173

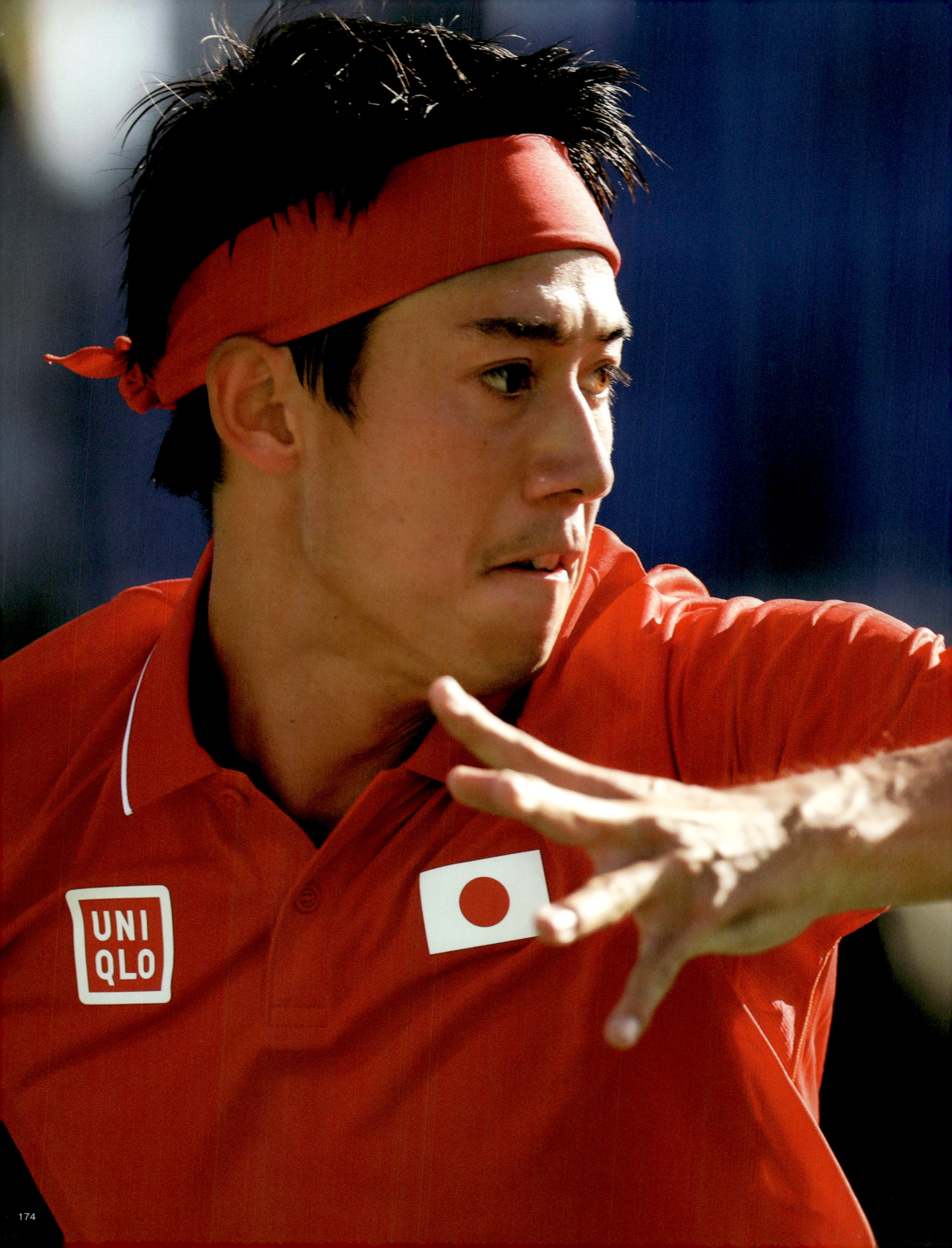
UNI
QLO

テニス

男子シングルスでは3位決定戦で錦織圭がスペインのラファエル・ナダルと対戦。
過去10戦中9敗している相手に見事勝利し銅メダルを獲得。
96年ぶりとなるメダルを日本テニス界にもたらした。
優勝はイギリスのアンディ・マリー。シングルスでは史上初となる2大会連続の金メダルを獲得した。
女子ではアトランタ大会以来20年ぶりに、スイスのマルチナ・ヒンギスがダブルスに出場。
決勝戦でロシアのペアに敗れはしたものの銀メダルを獲得。
いまだ衰えぬその実力で会場を沸かせた。

男子シングルス　銅メダル　錦織 圭／Photo: K.Aoki

96年の時を経て、再び日本テニス界にメダリストが誕生した　男子シングルス　銅メダル　錦織 圭　／　Photo: K.Aoki

177

男子シングルス 銅メダル 錦織 圭／Photo: E.Calderoni

錦織 圭／Photo: K.Aoki

錦織 圭／Photo: K.Aoki

コート上で日の丸を掲げる錦織圭の勇姿／Photo: K.Aoki

179

男子シングルス　杉田 祐一 ／ Photo: Y.Osada

男子シングルス　ダニエル 太郎 ／ Photo: YUTAKA

女子シングルス　土居 美咲　／ Photo: K.Aoki

女子シングルス　日比野 菜緒　／ Photo: S.Tamura

ウエイトリフティング

女子48kg級で4大会連続出場の三宅宏実が銅メダルを獲得。
競技終了後はメダル獲得の喜びと感謝の気持ちから、いとおしそうにバーベルをなでた。
男子62kg級では糸数陽一が日本新記録で4位に入賞。男子の入賞は16年振りとなった。
女子58kg級でも安藤美希子が日本新記録をマークして5位、
女子53kg級は八木かなえが6位にそれぞれ入賞。
ウエイトリフティングは筋力と体格に優れる外国勢が有利と言われる中、
日本勢もしっかりと結果を残してくれた。

三宅 宏実 ／ Photo: YUTAKA

女子48kg級　銅メダル　三宅 宏実 ／ Photo: M.Groll

女子63kg級　松本 潮霞 ／ Photo: K.Aoki

女子53kg級　6位入賞　八木 かなえ ／ Photo: S.Tamura

男子62kg級
中山 陽介 ／ Photo: Y.Osada

男子62kg級　4位入賞　糸数 陽一／Photo: Y.Herman

男子56kg級　三宅 宏実／Photo: M.Groll

女子58kg級　5位入賞　安藤 美希子／Photo: Y.Herman

男子は、10階級で行われ、1ラウンド3分の3ラウンドを戦い抜く。
ライト60kg級の成松大介は2回戦、バンタム56kg級の森坂嵐は1回戦でそれぞれ敗れてしまったが、
彼らは世界を相手に確かな手応えを感じる貴重な体験を得ることとなった。
この競技の最重量級を制したのは、男子はフランスのトニ・ヨカ、
女子はアメリカのクラレッサ・シールズで、彼女はロンドン大会に次ぐ2連覇となった。

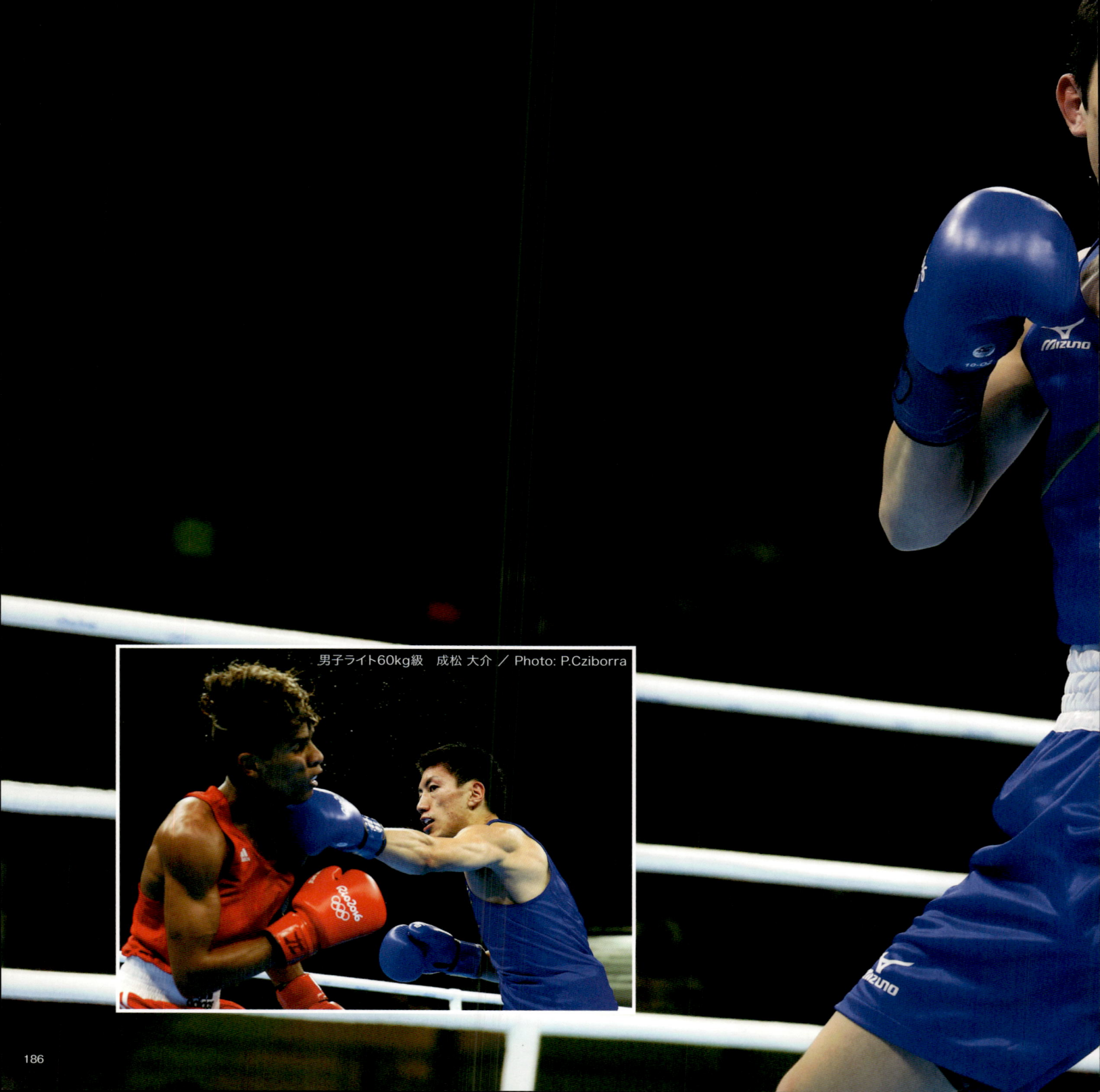

男子ライト60kg級　成松 大介 ／ Photo: P.Cziborra

男子バンダム56kg級　森坂 嵐 ／ Photo: K.Aoki

テコンドー

オリンピックでは男女4階級ずつ全8階級で争われるテコンドー。
蹴りによる攻撃を中心とした格闘技で、韓国の国技でもある。
日本からは2大会連続出場となる濱田真由が女子57kg級に出場。
初戦は圧勝するも準々決勝では惜しくも敗退。
世界選手権を制した経験もある濱田は「東京で金メダルを目指す」と4年後の雪辱を誓った。

女子57kg級 濱田 真由 ／ Photo: A.Medichini

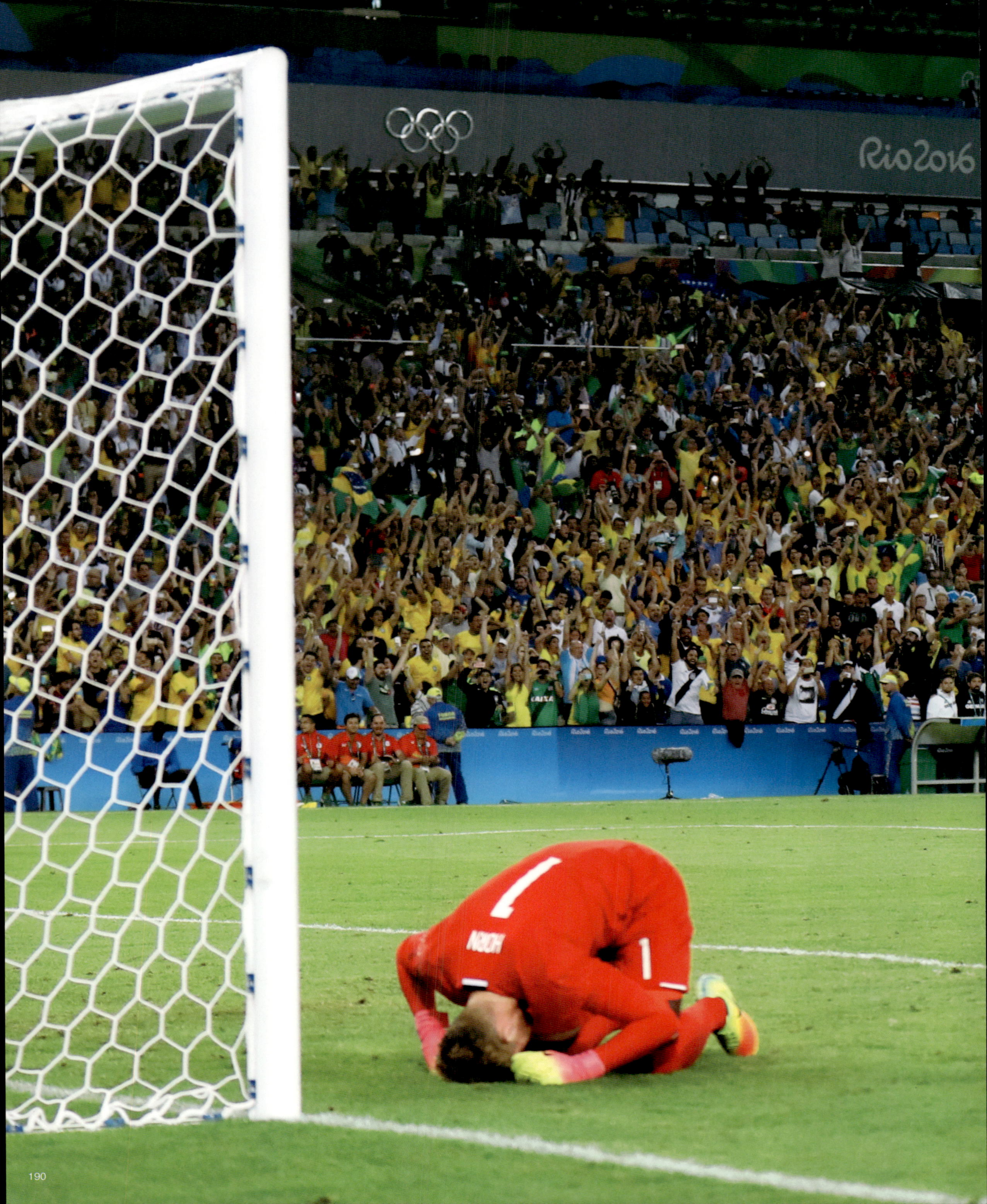
Rio2016
HORN
1

サッカー

男子の決勝戦はブラジルvsドイツ。
前半にネイマールのフリーキックでブラジルが先制するが、
後半にはマックス・マイヤーのゴールでドイツが同点に追いついた。
熱戦は延長戦でも決着がつかず、PK戦に。
最後のキッカーを務めたネイマールがゴールネットを揺らし、
ブラジルが金メダルを勝ち取った。
2014年のワールドカップブラジル大会で大敗を喫したドイツへの
雪辱を晴らしたいという強い気持ちが導いた勝利だった。
サッカー強豪国のブラジルにとって、オリンピックでの金メダルは初となり、
長年の悲願を達成した瞬間であった。
日本からは男子が出場し、1次リーグでスウェーデンに勝利するも、
決勝トーナメント進出はならなかった。

PK戦にもつれ込んだ決勝戦。ネイマールのキックでブラジルの金メダルが決定した　ブラジル vs ドイツ　／ Photo: K.Aoki

日本 vs コロンビア　矢島 慎也 ／ Photo: B.Kelly

日本 vs ナイジェリア　日本チーム ／ Photo: YUTAKA

1次リーグではスウェーデンに勝利　日本 vs スウェーデン　中島 翔哉／Photo: F.Donasci

日本 vs ナイジェリア　南野 拓実／Photo: YUTAKA

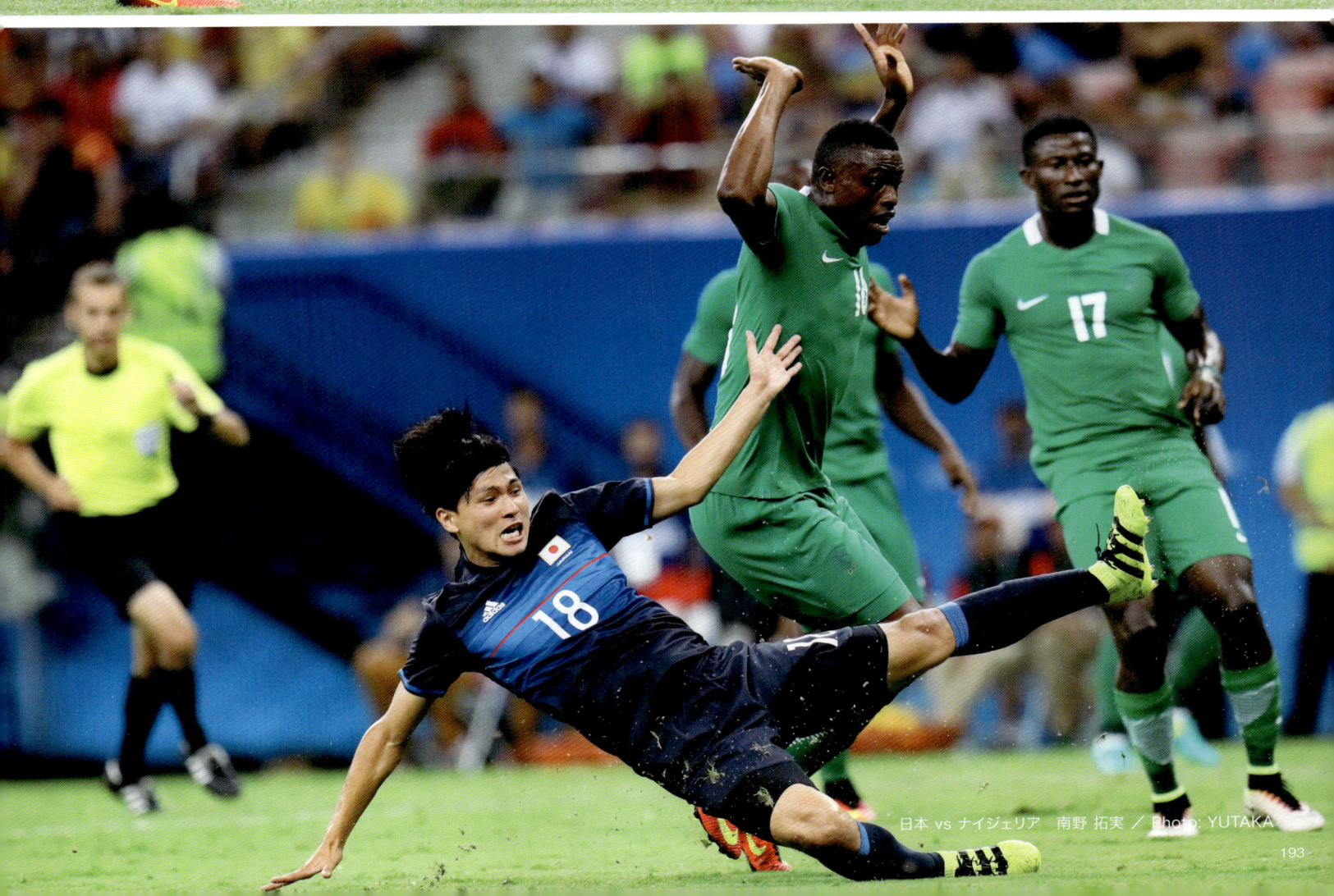

日本 vs ナイジェリア　櫛引 政敏／Photo: YUTAKA

日本 vs ナイジェリア　室屋 成（左）、原川 力／Photo: YUTAKA

日本 vs コロンビア　興梠 慎三 ／ Photo: B.Kelly

浅野 拓磨 ／ Photo: YUTAKA

ホッケー

男子はドイツ、女子はオランダに3連覇がかかっていた今大会だったが、
頂点に立ったのは男子ではアルゼンチン、女子ではイギリス。
それぞれオリンピックで初となる金メダルを獲得した。
アテネ大会から4度目のオリンピック出場を果たした女子日本チーム「さくらジャパン」。
決勝トーナメントに勝ち上がることはできなかったが、
スピードと組織力を生かした展開で勇ましい戦いぶりを見せてくれた。

日本チーム／Photo: Y.Nakanishi

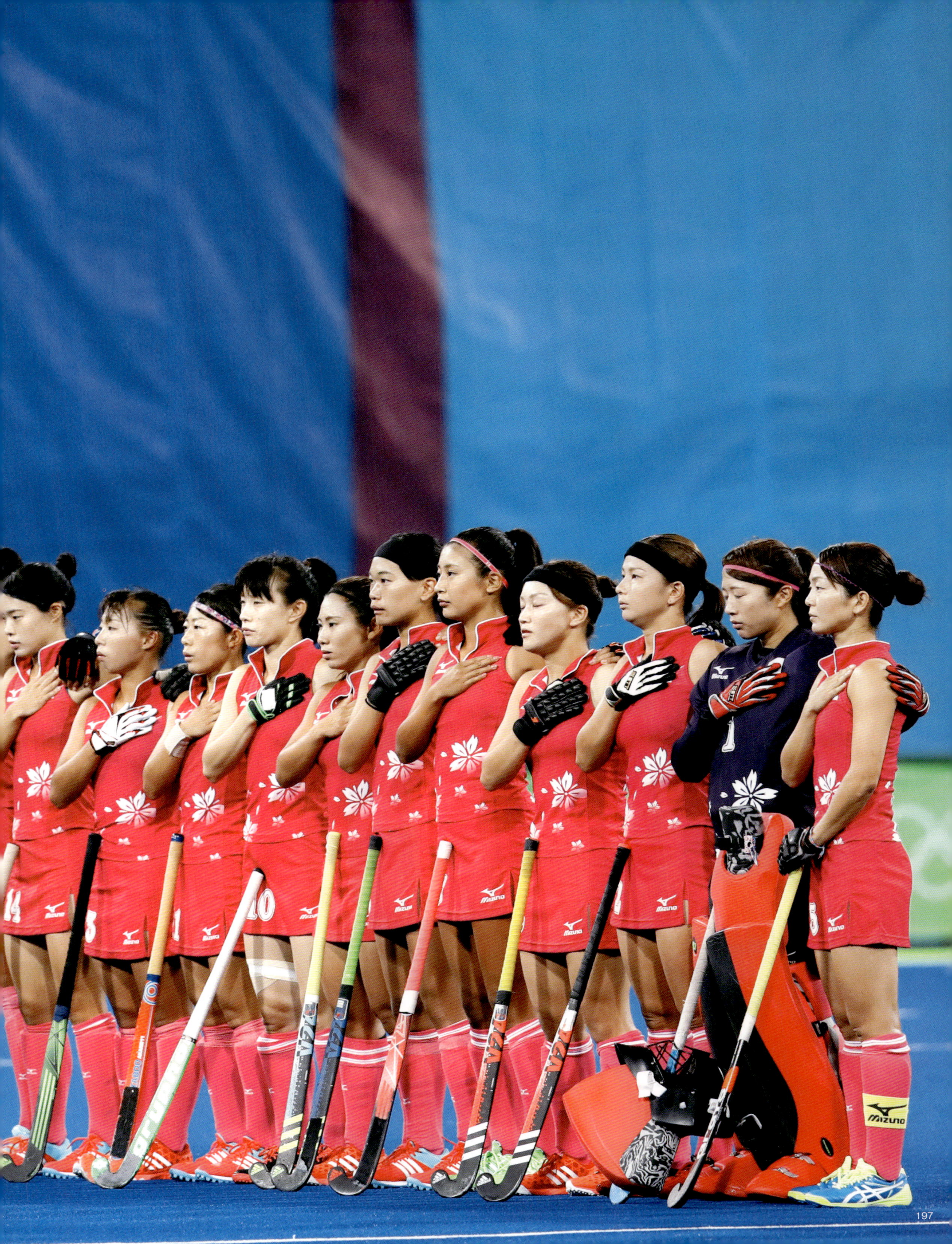
Mizuno

永井 葉月 ／ Photo: V.Fedosenko

日本 vs イギリス　阪口 真紀 ／ Photo: YUTAKA

日本 vs アルゼンチン　三橋 亜記　／ Photo: Y.Nakanishi

日本 vs アルゼンチン　左から阪口 真紀、林 なぎさ、浅野 祥代　／ Photo: Y.Nakanishi

バスケットボール

1996年アトランタ大会以来5大会ぶりに日本の女子チームがオリンピックの舞台に立った。
結果は準々決勝でアメリカに敗れ8位となったが、試合中盤は素晴らしい追い上げを見せて
アメリカチームのコーチが声を荒げる場面もあり、最強国を本気にさせる戦いぶりを見せてくれた。
1次リーグでは前回大会銀メダルのフランスを破るなど大健闘を見せた。
参加12チーム中平均身長が最も低いという体格的に不利な中、
スピードと技術で世界の強豪と渡り合えることを証明してくれた。
今大会を制したのは男子、女子共にアメリカ。男子は3連覇、
女子は6連覇とその圧倒的な強さを見せつけた。

日本 vs アメリカ　渡嘉敷 来夢 ／ Photo: K.Aoki

女子ではオリンピック6連覇という圧倒的な強さを誇るアメリカに善戦した日本チーム ／ Photo: K.Aoki

日本 vs オーストラリア　渡嘉敷 来夢 ／ Photo: YUTAKA

本川 紗奈生 ／ Photo: K.Aoki

司令塔としてチームを牽引する主将　吉田 亜沙美 ／ Photo: K.Aoki

渡嘉敷 来夢 ／ Photo: K.Aoki

日本 vs アメリカ　本川 紗奈生 ／ Photo: Pool

渡嘉敷 来夢（左）、吉田 亜沙美 ／ Photo: Y.Nakanishi

日本 vs オーストラリア　本川 紗奈生(左)、間宮 佑圭 ／ Photo: M.Djurica

日本チーム ／ Photo: Y.Osada

男子4×100mリレー　銀メダル　ケンブリッジ 飛鳥(左)、桐生 祥秀 ／ Photo: YUTAKA

陸上競技

男子4×100mリレーで山縣亮太、飯塚翔太、桐生祥秀、ケンブリッジ飛鳥の4人が銀メダルを獲得。
37秒60でアジア記録を更新、世界歴代国別最高記録では
ジャマイカ、アメリカに次ぐ3位という歴史的快挙を達成した。
完璧なスタートを切った山縣から、磨き上げられたバトンパスワークでスピードに乗る日本チーム。
アンカーのケンブリッジにバトンが繋がった時点ではジャマイカと並ぶ位置に。
ウサイン・ボルトの速さには届かなかったが見事2位でフィニッシュ。
オリンピックでの日本男子トラック種目最高成績で世界を驚かせた。
今大会でもボルトは圧倒的な強さを見せ、
男子100m、200m、4×100mリレーで史上初となる3大会連続の3冠を達成した。
今後、短距離界でこのような選手が現れるのかという異次元の偉業を成し遂げた。

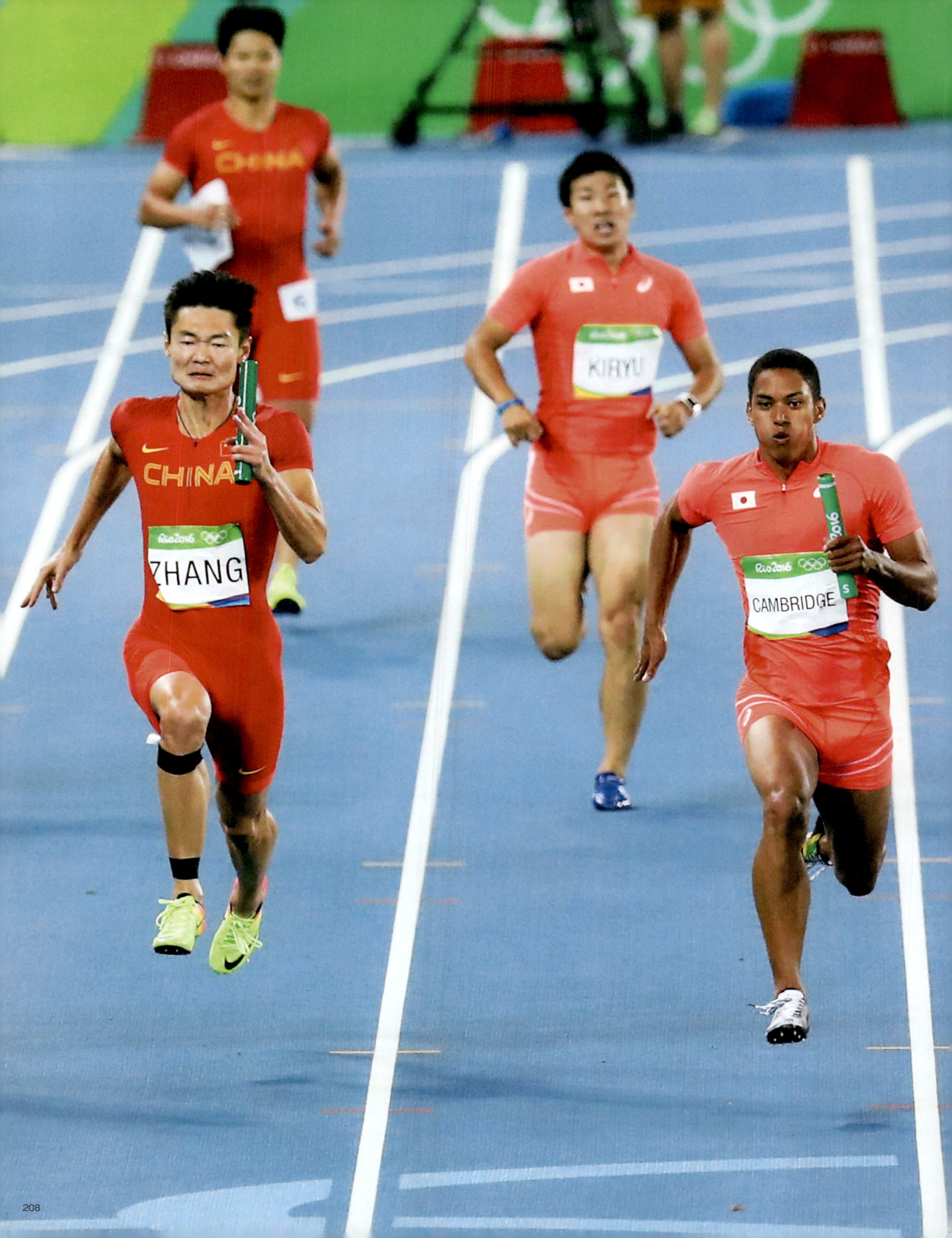
CHINA
CHINA
ZHANG
KIRYU
CAMBRIDGE
Rio2016

最終走者のケンブリッジ飛鳥にバトンが繋がった時点ではジャマイカチームと並ぶ位置に　男子4×100mリレー／Photo: K.Aoki

男子4×100mリレー　銀メダル　ケンブリッジ 飛鳥 ／ Photo: K.Aoki

ケンブリッジ 飛鳥（左）、桐生 祥秀 ／ Photo: YUTAKA

左からケンブリッジ 飛鳥、飯塚 翔太、桐生 祥秀、山縣 亮太 ／ Photo: Y.Nakanishi

左から山縣 亮太、飯塚 翔太、ケンブリッジ 飛鳥、桐生 祥秀 ／ Photo: F.Bensch

一時は失格の判定が下るも、協議の末、日本人初の銅メダルを獲得　男子50km競歩　銅メダル　荒井 広宙 ／ Photo: Y.Osada

男子50km競歩　荒井 広宙 ／ Photo: Y.Osada

男子20km競歩 ／ Photo: YUTAKA

女子20km競歩　岡田 久美子 ／ Photo: Y.Nakanishi

男子50km競歩　谷井 孝行 ／ Photo: Y.Osada

男子50km競歩　森岡 紘一朗 ／ Photo: Y.Osada

女子マラソン / Photo: K.Aoki

女子マラソン / Photo: YUTAKA

雨の中スタートを切った男子マラソン ／ Photo: K.Aoki

男子マラソン　佐々木 悟 ／ Photo: R.F.Bukaty

男子マラソン　石川 末廣 ／ Photo: Y.Osada

男子マラソン　北島 寿典 ／ Photo: YUTAKA

215

男子棒高跳　澤野 大地 ／ Photo: YUTAKA

男子4×400mリレー　加藤 修也 ／ Photo: K.Aoki

男子4×400mリレー　田村 朋也(左)、ウォルシュ ジュリアン ／ Photo: Y.Nakanishi

女子200m　福島 千里 ／ Photo: D.Martinez

男子4×400mリレー　北川 貴理 ／ Photo: Y.Nakanishi

女子5000m　上原 美幸 ／ Photo: K.Aoki

女子5000m　尾西 美咲(左)、鈴木 亜由子 ／ Photo: Y.Nakanishi

男子400m　金丸 祐三　／　Photo: YUTAKA

男子200m　高瀬 慧　／　Photo: Y.Nakanishi

男子3000m障害　塩尻 和也　／　Photo: YUTAKA

男子やり投　新井 涼平　／　Photo: K.Pfaffenbach

男子400mハードル　野澤 啓佑　／　Photo: YUTAKA

男子10種競技　中村 明彦　／　Photo: M.Slocum

男子走り高跳　衛藤 昂　／　Photo: M.Slocum

女子マラソン　伊藤 舞　／　Photo: K.Aoki

女子マラソン　田中 智美　／　Photo: YUTAKA

女子マラソン　福士 加代子　／　Photo: K.Aoki

男子10000m　村山 紘太 ／ Photo: YUTAKA

男子400mハードル　松下 祐樹 ／ Photo: YUTAKA

男子棒高跳　山本 聖途 ／ Photo: YUTAKA

男子3段跳　長谷川 大悟 ／ Photo: YUTAKA

女子3000m障害　高見澤 安珠 ／ Photo: K.Aoki

男子800m　川元 奨 ／ Photo: YUTAKA

男子10000m　設楽 悠太 ／ Photo: YUTAKA

女子やり投　海老原 有希 ／ Photo: Y.Nakanishi

男子110mハードル　矢澤 航 ／ Photo: YUTAKA

男子10000m　大迫 傑／Photo: YUTAKA

男子棒高跳　荻田 大樹／Photo: M.Sezer

女子走り幅跳　甲斐 好美／Photo: Y.Nakanishi

女子10000m　高島 由香(左)、関根 花観／Photo: YUTAKA

男子200m　藤光 謙司／Photo: Y.Nakanishi

男子3段跳　山下 航平／Photo: P.Noble

男子10種競技　右代 啓祐／Photo: P.Noble

女子400mハードル　久保倉 里美／Photo: YUTAKA

「絶対に勝つという自信が、自分にはもう無い」と語った
ボルトが200mのスタート前に見せた表情

ウサイン・ボルト（ジャマイカ）／Photo: K.Aoki

3大会連続で100m、200m、4×100mリレーの3冠を果たした
陸上競技界の超人ウサイン・ボルト（ジャマイカ）／Photo: K.Aoki

今大会を終えて生涯獲得金メダル数を23個とし、前人未到の大記録を自ら更新する
水の怪物マイケル・フェルプス（アメリカ）／ Photo: K.Aoki

マイケル・フェルプス（アメリカ）／ Photo: K.Aoki

2度目の聖火点灯、カンデラリア教会でも聖火が灯る
Photo: M.Brindicci

女子400m、飛び込んで金メダルをもぎ取る
ショーナ・ミラー(バハマ) ／ Photo: M.Slocum

ウェイトリフティング男子105kg超級
金メダル ラシャ・タラハーゼ(ジョージア) ／ Photo: S.Nenov

三つ子であるルイク三姉妹(エストニア)は
揃ってマラソンに出場 ／ Photo: R.F.Bukaty

強すぎるボクサーカップルの
トニー・ヨカ(左、フランス)と
エステル・モッセリー(フランス)がアベック金
Photo: F.Franklin II

自身23個目の金メダルを誇らしげに掲げる
マイケル・フェルプス(アメリカ) Photo: D.Ebenbichler

選手達に熱い歓声を送り続けた日本の応援団 ／ Photo: K.Aoki

開会式 ／ Photo: K.Pfaffenbach

競技後にダンスを披露するデイヴィッド・カトアタウ(キリバス)
Photo: S.Nenov

ボルトの握手に笑顔で応える男子4×100mリレー
の日本チーム ／ Photo: K.Aoki

Photo: YUTAKA

難民選手団も笑顔で入場／Photo: K.Pfaffenbach

Photo: C.Riedel

女子3m飛板飛込で金メダルに輝き、
プロポーズの指輪も受け取る何姿（中国）
Photo: S.Wermuth

Photo: K.Pfaffenbach

陸上女子ハンマー投げの
アニタ・ヴォダルチク（ポーランド）が
急逝した先輩の手袋で見事金メダルを獲得
Photo: M.Dunham

陸上男子400mで世界記録が誕生
ウェイド・バンニーキルク（南アフリカ）
Photo: L.Nicholson

約1世紀ぶりに表彰台に日本人選手が立った歴史的瞬間
Photo: T.Melville

Photo: V.Thian

レスリング女子フリースタイル53kg級決勝で
ヘレン・マルーリス（アメリカ）が絶対王者吉田沙保里の連覇を阻止
日本中に衝撃が走った／Photo: K.Aoki

競泳金メダリスト 金藤 理絵 / Photo: Y.Osada

男子ラグビー 坂井 克行 / Photo: T.Hadebe

32年ぶりとなるオリンピック出場を果たした水球「ポセイドンジャパン」 / Photo: K.Aoki

誇らしげに世界一の称号を掲げるレスリング女子金メダリスト
左から土性 沙羅、伊調 馨、川井 梨紗子 / Photo: S.Tamura

競泳メダリスト / Photo: S.Tamura

男子卓球団体はエース水谷などの活躍で
初めての銀メダルに輝いた / Photo: Y.Osada

レスリング女子フリースタイル75kg級で
オリンピック初出場の渡利璃穏
Photo: Y.Nakanishi

JOC竹田会長から表彰を受ける川井 梨紗子
Photo: E.Calderoni

入村式 日本選手団 / Photo: Y.Osada

女子卓球団体 銅メダル 日本チーム / Photo: YUTAKA

親子二人三脚で掴んだ2大会連続の銅メダル Photo: YUTAKA

井村監督の指導のもと、再びその輝きを取り戻したシンクロチーム Photo: E.Calderoni

男子ロードレース 内間康平 Photo: T.D.Waele

男子4×100リレー 銀メダル 日本チーム / Photo: YUTAKA

勝利の瞬間、仲間の輪に駆け寄る選手たち / Photo: E.Calderoni

バスケットボール 日本チーム Photo: S.Tamura

雨の閉会式で笑顔の日本選手団 / Photo: D.Goldman

指の数で4連覇の喜びを表す伊調馨 Photo: S.Tamura

競泳 久世コーチと松田丈志の師弟コンビ Photo: Y.Osada

表彰台でうれし涙を見せる松友美佐紀(左)と髙橋礼華 Photo: K.Cheung

225

閉会式

リオデジャネイロオリンピックは閉会式も華やかだ。
軽快なリズムの音楽に合わせ、
選手たちは笑顔で踊りながら互いに抱き合い称え合う。

マラカナン競技場は雨が降りしきっていたが、
この地で夢をぶつけ合い戦いあった選手たちの熱い感情は
まだまだ冷めることは無いように見えた。

今大会で日本は金12個、銀8個、銅21個と過去最多となる計41個のメダルを獲得。
金メダルの数はロンドン大会から5つ増え世界6位に入り、
2020年へ向けたさらなる飛躍を期待させてくれた。

SEE YOU IN TOKYO（東京で会いましょう）
夢と希望と感動がつまったオリンピックのバトンが地球の裏側に渡った。

さあ、次は東京だ！

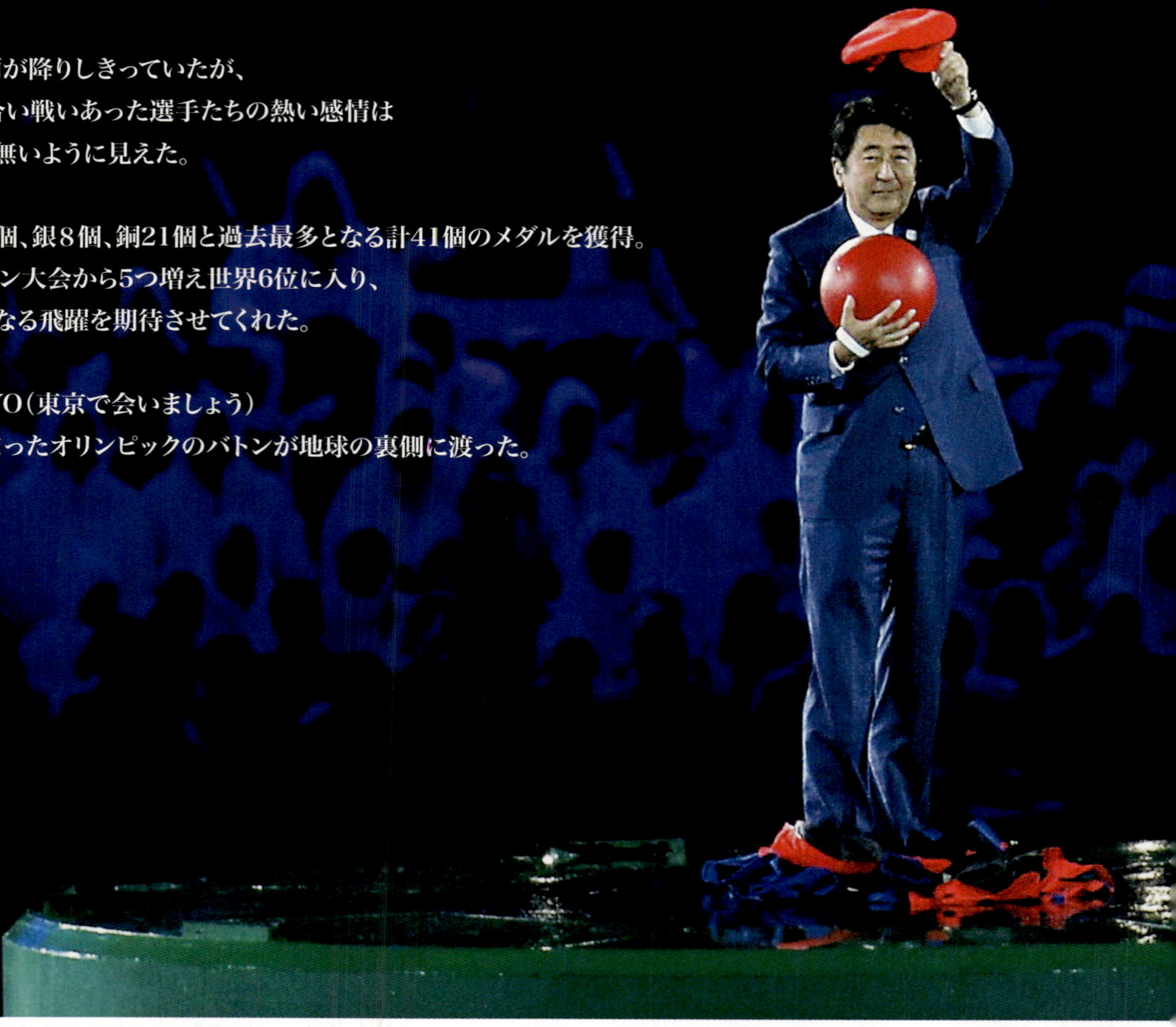

閉会式／Photo: Y.Nakanishi

「ありがとう」を表す様々な国の文字が会場を埋め尽くした
Photo: F.Bensch

次の舞台は東京。閉会式では安倍晋三首相がスーパーマリオに扮して現れた ／ Photo: K.Lamarque

閉会式 ／ Photo: YUTAKA

閉会式 / Photo: P.Kopczynski

小池百合子都知事が着物姿で
オリンピック旗を引き継いだ / Photo: S.Nenov

公益財団法人 日本オリンピック委員会 公式写真集2016
リオデジャネイロオリンピック日本代表選手団
発刊に関するごあいさつ

1896年、第1回アテネ大会から120年となるオリンピックの歴史において、初めてとなる南アメリカ大陸での開催となる第31回オリンピック競技大会(2016/リオデジャネイロ)が8月5日から21日、ブラジル連邦共和国のリオデジャネイロを中心に17日間の熱戦が繰り広げられました。

今大会では競技・種目においては、112年ぶりにゴルフが復活、ラグビー7人制は初採用となり、全28競技306種目が実施され205の国と地域から約1万1000名の選手が集いました。

日本代表選手団は橋本聖子団長以下、選手338名、役員263名、総勢601名を派遣し、27競技180種目に臨み、前回ロンドン大会を上回る史上最多となる、金12個、銀11個、銅18個の合計41個のメダルを獲得した他、入賞総数88種目となり、メダル獲得総数、入賞総数ともに過去最多の成績を収めました。4年後の2020年自国開催に向けて大きな弾みとなりました。

オリンピックという世界最高の舞台で、日本代表選手をはじめとする世界各国のトップアスリートたちが戦う姿は、多くの皆様に感動と勇気を届けるとともに、スポーツの持つ素晴らしさやオリンピック・ムーブメントを通した国際親善のメッセージを伝えることができたのではないかと思います。

この度、制作・発行することになりました「公益財団法人日本オリンピック委員会公式写真集2016」には、JOCの記録写真にご協力いただいているアフロスポーツと世界的な通信社であるAP、REUTERSによって撮影された日本代表選手団の活躍や各競技のハイライトシーン等の迫力ある写真を多数掲載し、感動と臨場感を有りのままに再現いたしました。是非、一人でも多くの方にご覧いただければと思います。

結びに、リオデジャネイロオリンピック日本代表選手団に対して多大なるご支援をいただきました関係者の方々にお礼を申し上げるととともに、本写真集の制作・発刊にあたりご協力を頂きましたアフロスポーツ青木代表を始め関係者の皆様方に心より感謝申し上げます。

今後とも、本会の諸活動へのご理解、ご協力の程、よろしくお願いいたします。

公益財団法人 日本オリンピック委員会
会　長

竹田 恆和

日本代表選手団メダリスト

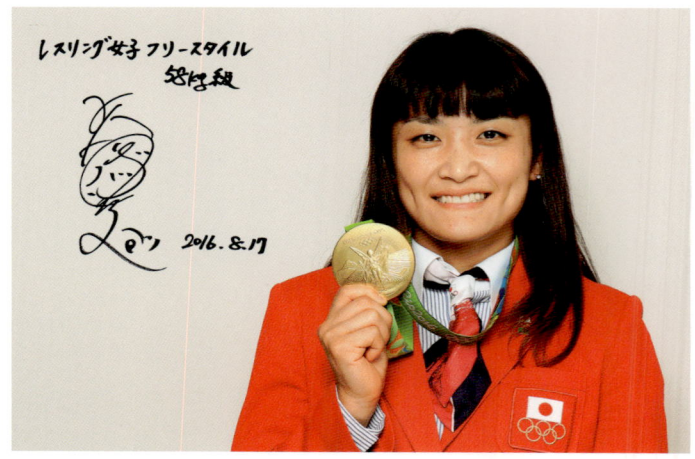

伊調 馨
レスリング 女子フリースタイル58kg級
金メダル

内村 航平
体操／体操競技 男子個人総合
金メダル

萩野 公介
水泳／競泳 男子400m個人メドレー 金メダル
水泳／競泳 男子200m個人メドレー 銀メダル

金藤 理絵
水泳／競泳 女子200m平泳ぎ
金メダル

金メダル

山室 光史、内村 航平、田中 佑典、白井 健三、加藤 凌平
体操／体操競技 男子 団体
金メダル

髙橋 礼華、松友 美佐紀
バドミントン 女子ダブルス
金メダル

金メダル

登坂 絵莉
レスリング 女子フリースタイル48kg級
金メダル

川井 梨紗子
レスリング 女子フリースタイル63kg級
金メダル

土性 沙羅
レスリング 女子フリースタイル69kg級
金メダル

大野 将平
柔道 男子73kg級
金メダル

ベイカー 茉秋
柔道 男子90kg級
金メダル

田知本 遥
柔道 女子70kg級
金メダル

銀メダル

山縣 亮太、飯塚 翔太、桐生 祥秀、ケンブリッジ 飛鳥
陸上競技 男子4×100mリレー
銀メダル

吉村 真晴、水谷 隼、丹羽 孝希
卓球 男子団体
銀メダル

銀メダル

- 吉田 沙保里
  レスリング 女子フリースタイル53kg級
  銀メダル

- 樋口 黎
  レスリング 男子フリースタイル57kg級
  銀メダル

- 太田 忍
  レスリング 男子グレコローマンスタイル59kg級
  銀メダル

- 坂井 聖人
  水泳／競泳 男子200mバタフライ
  銀メダル

- 原沢 久喜
  柔道 男子100kg超級
  銀メダル

銅メダル

- 荒井 広宙
  陸上競技 男子50km競歩
  銅メダル

- 瀬戸 大也
  水泳／競泳 男子400m個人メドレー
  銅メダル

- 星 奈津美
  水泳／競泳 女子200mバタフライ
  銅メダル

- 萩野 公介、江原 騎士、小堀 勇氣、松田 丈志
  水泳／競泳 男子4×200mリレー
  銅メダル

- 石川 佳純、福原 愛、伊藤 美誠
  卓球 女子団体
  銅メダル

- 水谷 隼
  卓球 男子シングルス
  銅メダル

銅メダル

髙藤 直寿
柔道 男子60kg級
銅メダル

海老沼 匡
柔道 男子66kg級
銅メダル

永瀬 貴規
柔道 男子81kg級
銅メダル

羽賀 龍之介
柔道 男子100kg級
銅メダル

近藤 亜美
柔道 女子48kg級
銅メダル

中村 美里
柔道 女子52kg級
銅メダル

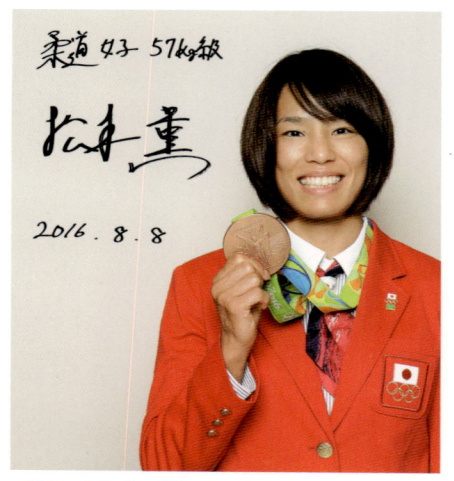

松本 薫
柔道 女子57kg級
銅メダル

山部 佳苗
柔道 女子78kg超級
銅メダル

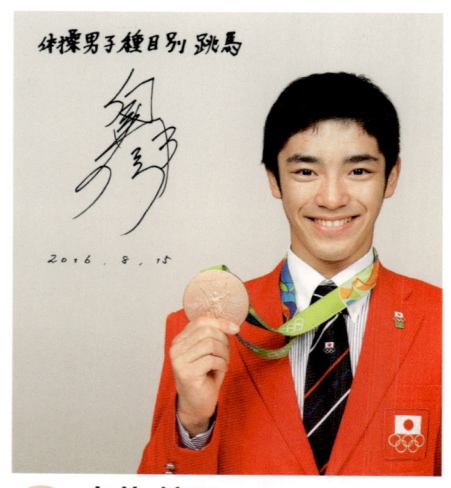

白井 健三
体操／体操競技 男子種目別跳馬
銅メダル

銅メダル

- 奥原 希望
  バドミントン 女子シングルス
  銅メダル

- 羽根田 卓也
  カヌー 男子スラロームカナディアンシングル
  銅メダル

- 錦織 圭
  テニス 男子シングルス
  銅メダル

- 三宅 宏実
  ウエイトリフティング 女子48kg級
  銅メダル

- 乾 友紀子、三井 梨紗子
  水泳／シンクロナイズドスイミング デュエット
  銅メダル

- 林 愛子、中牧 佳南、乾 友紀子、三井 梨紗子、箱山 愛香
  小俣 夏乃、中村 麻衣、吉田 胡桃、丸茂 圭衣
  水泳／シンクロナイズドスイミング チーム　銅メダル

リオデジャネイロ オリンピック日本代表選手団名鑑

■本部

団長／橋本 聖子
副団長／山下 泰裕
総監督／髙田 裕司
本部役員(競技担当)／塚原 光男、福井 烈、尾縣 貢、星野 一朗、上野 広治
本部役員(広報担当)／大塚 眞一郎
本部役員(医務担当)／中嶋 耕平
本部役員(総務担当)／柳谷 直哉
オリンピックアタッシェ／白石 知子
本部員／髙橋 ダニエル・克弥、渡辺 稔一、吉田 周平、久保田 敦、渡邊 暁大、大越 光介、鈴木 和馬
本部員(メディカルスタッフ／ドクター)／土肥 美智子、中山 修一、真鍋 知宏
本部員(メディカルスタッフ／トレーナー)／鈴木 岳、寒川 美奈
本部員(輸送担当)／加村 真理子、篠原 史郎、鈴木 俊介、橋間 邦仁
※上記のほかにプレスアタッシェ1名が参加。

■役員

陸上競技
監督／麻場 一徳
コーチ／酒井 勝充、苅部 俊二、土江 寛裕、中村 宏之、宗 猛、武冨 豊、野口 英盛、今村 文男、小坂 忠広、櫻井 健一、吉田 孝久、小林 史明、岡田 雅次、松田 克彦、河野 匡、永山 忠幸、山下 佐知子、西 政幸、山頭 直樹、大澤 陽祐
ドクター／鳥居 俊
トレーナー／村上 博之、田村 佑実保
総務／平野 了、河合 江梨子

水泳／競泳
チームリーダー／坂元 要
コーチ／平井 伯昌、梅原 孝之、竹村 吉昭、藤森 善弘、村上 二美也、奥野 景介、佐々木 祐一郎、加藤 健志、青木 和子、佐野 秀匡
ドクター／半谷 美夏、奥田 鉄人
トレーナー／桑井 太陽、小沢 邦彦、加藤 明生、三富 陽輔、佐々木 秀男
技術スタッフ／シェルベルグ マグナス
総務／村松 さやか、石松 正考、坂口 結子、原 怜来、金子 沙弥佳

水泳／飛込
コーチ／馬淵 崇英
トレーナー／成田 崇矢
総務／野村 孝路

水泳／水球
監督／大本 洋嗣
コーチ／南 隆尚、葛原 浩
トレーナー／濱中 康治
総務／大井 恵滋

水泳／シンクロナイズドスイミング
監督／井村 雅代
コーチ／滝田 理砂子、宮川 美哉
トレーナー／地神 裕史、田中 基義、浅岡 良信
総務／小林 千紗

サッカー
監督／手倉森 誠
コーチ／秋葉 忠宏、佐藤 洋平、早川 直樹
ドクター／髙木 博
トレーナー／菊島 良介
総務／池辺 友和

テニス
監督／植田 実
トレーナー／中尾 公一、前田 准谷
総務／田島 孝彦

ボート
チームリーダー／崎山 利夫
コーチ／ドルフマン ギザビエ
トレーナー／部谷 祐紀

ホッケー
チームリーダー／山口 修一郎
監督／永井 祐司
コーチ／長谷部 謙二、三浦 恵子
トレーナー／茂木 淳
総務／中村 真理

ボクシング
監督／高見 公明
コーチ／樋山 茂、山本 浩二

バレーボール
監督／眞鍋 政義
コーチ／川北 元、大久保 茂和
トレーナー／宮口 佳子
技術スタッフ／渡辺 啓太

体操／体操競技
監督／水鳥 寿思
コーチ／森泉 貴博、加藤 裕之、畠田 好章
トレーナー／今井 聖晃、中島 啓
コーチ／坂本 周次、北村 彩子、瀬尾 京子、塩山 勝
トレーナー／齋藤 和宏

体操／新体操
監督／山﨑 浩子
コーチ／ビストロヴァ インナ、ホロドコバ ナデージュダ、横地 愛
トレーナー／山本 貴英

体操／トランポリン
監督／山本 宜史
コーチ／中田 大輔、西川 明大

バスケットボール
監督／内海 知秀
コーチ／梅嵜 英毅、ホーバス トーマス・ウェイン
トレーナー／伊藤 由美子
総務／山﨑 舞子

レスリング
チームリーダー／栄 和人
監督／和田 貴広、西口 茂樹、笹山 秀雄
コーチ／松永 共広、松本 慎吾、志土地 翔大
トレーナー／佐藤 守重、川﨑 淳

セーリング
チームリーダー／齋藤 愛子
コーチ／中村 健次、宮野 幹弘、石川 裕也、飯島 洋一、アーサー ブレット、ルスラナ タラン

ウエイトリフティング
男子監督／小宮山 哲雄
女子監督／三宅 義行
コーチ／平良 真理、松尾 謙資、小畑 直之

自転車
監督／浅田 顕、坂本 勉、三瓶 将廣、鈴木 雷太
コーチ／飯島 誠、小田島 梨絵、
ドクター／金井 貴夫、内田 彰子
技術スタッフ／西 勉、森 昭雄

卓球
監督／倉嶋 洋介、村上 恭和
コーチ／張 莉梓、李 鷺、邱 建新

馬術
チームリーダー／
ショッケメーレ ポール ハルマン
監督／東良 弘一、照井 愼一、細野 茂之
コーチ／マイヤー ツ ハートム フロリアン、コッシェル ウィレムデレフ ユルゲン、ブスケ ロゴン
獣医師／
スールス マーク マリア セリーナ ジュレス
総務／青山 辰美、浅枝 里美

フェンシング
監督／橋本 寛
コーチ／リー ウッチェ、マツェイチュク オレグ、ゴルパチュク オレクサンドル、本間 孔一、菅原 智恵子

柔道
チームリーダー／木村 昌彦、山本 洋祐、増地 千代里
男子監督／井上 康生
女子監督／南條 充寿
男子コーチ／鈴木 桂治、廣川 充志、金丸 雄介、古根川 実、賀持 道明
女子コーチ／松本 勇治、薪谷 翠、塚田 真希、谷本 歩実、上野 雅恵
ドクター／紙谷 武、井汲 彰
男子トレーナー／幡手 康二
女子トレーナー／菅原 靖久
男子総務／岡田 隆
女子総務／小橋 秀規

バドミントン
監督／朴 柱奉
コーチ／中島 慶、舛田 圭太、佐藤 翔治
トレーナー／森里 友佳

射撃／ライフル射撃
監督／溝部 政司
コーチ／ドシャノフ エミール、ファーニック トーマス
トレーナー／吉村 直樹

射撃／クレー射撃
総務／永島 宏泰

近代五種
監督／黒臼 昭二
男子監督／宮ケ原 浩
コーチ／津山 論将、野田 寛武

ラグビーフットボール
監督／瀬川 智広
コーチ／見山 範泰
ドクター／田崎 篤
トレーナー／辰見 康剛、古舘 昌宏
技術スタッフ／中島 正太
チームリーダー／岩渕 健輔
監督／浅見 敬子
トレーナー／平井 晴子
総務／香川 あかね

カヌー
コーチ／クパン ミラン、山中 修司、馬場 昭江

アーチェリー
チームリーダー／新海 輝夫
コーチ／松木 裕二、金 清泰、田中 伸周
総務／清水 徹也

トライアスロン
監督／飯島 健二郎
コーチ／山根 英紀
総務／山倉 紀子

ゴルフ
チームリーダー／山中 博史
コーチ／丸山 茂樹
総務／長嶋 淳治
キャディー／福田 央、プラサド ラジーフ、マックデーデ ジェイソンミッシェル、デローラックス デイナジーン

テコンドー
コーチ／古賀 剛
トレーナー／菊地 孝郎

開会式 ／ Photo: Pool

陸上競技

桐生 祥秀	 ケンブリッジ 飛鳥	山縣 亮太	飯塚 翔太	髙瀬 慧	藤光 謙司
きりゅう よしひで	ケンブリッジ あすか	やまがた りょうた	いいづか しょうた	たかせ けい	ふじみつ けんじ
1995.12.15（滋賀）	1993.5.31（ジャマイカ）	1992.6.10（広島）	1991.6.25（静岡）	1988.11.25（静岡）	1986.5.1（埼玉）

ウォルシュ ジュリアン	 金丸 祐三	川元 奨	大迫 傑	村山 紘太	設楽 悠太	塩尻 和也	矢澤 航
	かねまる ゆうぞう	かわもと しょう	おおさこ すぐる	むらやま こうた	したら ゆうた	しおじり かずや	やざわ わたる
1996.9.18（ジャマイカ）	1987.9.18（大阪）	1993.3.1（長野）	1991.5.23（東京）	1993.2.23（宮城）	1991.12.18（埼玉）	1996.11.8（群馬）	1991.7.2（東京）

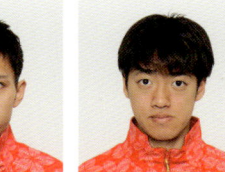

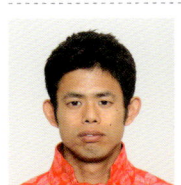 野澤 啓佑	松下 祐樹	長谷川 大悟	山下 航平	衛藤 昂	山本 聖途	荻田 大樹	澤野 大地
のざわ けいすけ	まつした ゆうき	はせがわ だいご	やました こうへい	えとう たかし	やまもと せいと	おぎた ひろき	さわの だいち
1991.6.7（山梨）	1991.9.9（神奈川）	1990.2.27（神奈川）	1994.9.6（福島）	1991.2.5（三重）	1992.3.11（愛知）	1987.12.30（香川）	1980.9.16（大阪）

 新井 涼平	中村 明彦	右代 啓祐	佐々木 悟	北島 寿典	石川 末廣	髙橋 英輝	松永 大介
あらい りょうへい	なかむら あきひこ	うしろ けいすけ	ささき さとる	きたじま ひさのり	いしかわ すえひろ	たかはし えいき	まつなが だいすけ
1991.6.23（埼玉）	1990.10.23（愛知）	1986.7.24（北海道）	1985.10.16（秋田）	1984.10.16（滋賀）	1979.9.27（三重）	1992.11.19（岩手）	1995.3.24（栃木）

藤澤 勇	谷井 孝行	森岡 紘一朗	荒井 広宙	佐藤 拳太郎	北川 貴理	田村 朋也	加藤 修也
ふじさわ いさむ	たにい たかゆき	もりおか こういちろう	あらい ひろおき	さとう けんたろう	きたがわ たかまさ	たむら ともや	かとう のぶや
1987.10.12 (長野)	1983.2.14 (富山)	1985.4.2 (長崎)	1988.5.18 (長野)	1994.11.16 (埼玉)	1996.9.5 (福井)	1992.8.20 (愛知)	1995.4.16 (静岡)

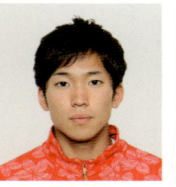

福島 千里	尾西 美咲	上原 美幸	鈴木 亜由子	関根 花観	高島 由香	高見澤 安珠	久保倉 里美
ふくしま ちさと	おにし みさき	うえはら みゆき	すずき あゆこ	せきね はなみ	たかしま ゆか	たかみざわ あんじゅ	くぼくら さとみ
1988.6.27 (北海道)	1985.2.24 (三重)	1995.11.22 (鹿児島)	1991.10.8 (愛知)	1996.2.26 (東京)	1988.5.12 (山口)	1996.3.6 (三重)	1982.4.27 (北海道)

甲斐 好美	海老原 有希	伊藤 舞	福士 加代子	田中 智美	岡田 久美子
かい このみ	えびはら ゆき	いとう まい	ふくし かよこ	たなか ともみ	おかだ くみこ
1993.7.10 (埼玉)	1985.10.28 (栃木)	1984.5.23 (兵庫)	1982.3.25 (青森)	1988.1.25 (千葉)	1991.10.17 (埼玉)

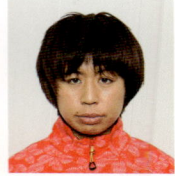

水泳／競泳

萩野 公介	入江 陵介	長谷川 純矢	金子 雅紀	小関 也朱篤	渡辺 一平
はぎの こうすけ	いりえ りょうすけ	はせがわ まさき	かねこ まさき	こせき やすひろ	わたなべ いっぺい
1994.8.15 (栃木)	1990.1.24 (大阪)	1993.12.13 (静岡)	1992.3.27 (埼玉)	1992.3.14 (山形)	1997.3.18 (大分)

瀬戸 大也	坂井 聖人	藤森 太将	中村 克	塩浦 慎理	小長谷 研二	古賀 淳也	松田 丈志
せと だいや	さかい まさと	ふじもり ひろまさ	なかむら かつみ	しおうら しんり	こばせ けんじ	こが じゅんや	まつだ たけし
1994.5.24 (埼玉)	1995.6.6 (福岡)	1991.8.7 (神奈川)	1994.2.21 (東京)	1991.11.26 (群馬)	1987.7.31 (北海道)	1987.7.19 (埼玉)	1984.6.23 (宮崎)

江原 騎士	小堀 勇氣	藤井 拓郎	平井 康翔	渡部 香生子	鈴木 聡美	金藤 理絵	池江 璃花子
えはら ないと	こぼり ゆうき	ふじい たくろう	ひらい やすなり	わたなべ かなこ	すずき さとみ	かねとう りえ	いけえ りかこ
1993.7.30 (山梨)	1993.11.25 (石川)	1985.4.21 (大阪)	1990.4.2 (千葉)	1996.11.15 (東京)	1991.1.29 (福岡)	1988.9.8 (広島)	2000.7.4 (東京)

星 奈津美	長谷川 涼香	寺村 美穂	今井 月	髙橋 美帆	清水 咲子	内田 美希	松本 弥生
ほし なつみ	はせがわ すずか	てらむら みほ	いまい るな	たかはし みほ	しみず さきこ	うちだ みき	まつもと やよい
1990.8.21 (埼玉)	2000.1.25 (東京)	1994.9.27 (千葉)	2000.8.15 (岐阜)	1992.12.1 (京都)	1992.4.20 (栃木)	1995.2.21 (埼玉)	1990.3.8 (静岡)

山口 美咲 やまぐち みさき 1990.1.20（長崎）	五十嵐 千尋 いがらし ちひろ 1995.5.24（神奈川）	持田 早智 もちだ さち 1999.7.19（奈良）	青木 智美 あおき ともみ 1994.10.25（神奈川）	酒井 夏海 さかい なつみ 2001.6.19（埼玉）	貴田 裕美 きだ ゆみ 1985.6.30（埼玉）

水泳／飛込

寺内 健 てらうち けん 1980.8.7（兵庫）	坂井 丞 さかい しょう 1992.8.22（神奈川）	板橋 美波 いたはし みなみ 2000.1.28（兵庫）

水泳／水球

棚村 克行 たなむら かつゆき 1989.8.3（沖縄）

福島 丈貴 ふくしま ともよし 1993.6.3（鹿児島）	飯田 純士 いいだ あつと 1993.12.24（静岡）	志水 祐介 しみず ゆうすけ 1988.9.7（熊本）	保田 賢也 やすだ けんや 1989.3.29（富山）	大川 慶悟 おおかわ けいご 1990.3.11（茨城）	柳瀬 彰良 やなせ あきら 1988.8.11（山梨）	竹井 昂司 たけい こうじ 1990.7.30（京都）	角野 友紀 かどの ゆうき 1990.9.14（三重）
筈井 翔太 はずい しょうた 1986.9.30（京都）	志賀 光明 しが みつあき 1991.9.16（富山）	荒井 陸 あらい あつし 1994.2.3（神奈川）	足立 聖弥 あだち せいや 1995.6.24（岐阜）			乾 友紀子 いぬい ゆきこ 1990.12.4（滋賀）	三井 梨紗子 みつい りさこ 1993.9.23（東京）

水泳／シンクロナイズドスイミング

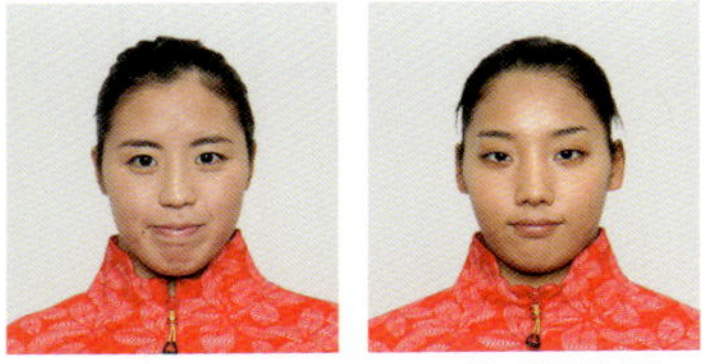

吉田 胡桃 よしだ くるみ 1991.12.1（大阪）	箱山 愛香 はこやま あいか 1991.7.27（長野）	中村 麻衣 なかむら まい 1989.1.13（兵庫）	丸茂 圭衣 まるも けい 1992.3.6（大阪）	中牧 佳南 なかまき かなみ 1992.6.5（大阪）	小俣 夏乃 おまた かの 1996.7.24（神奈川）	林 愛子 はやし あいこ 1993.11.17（大阪）

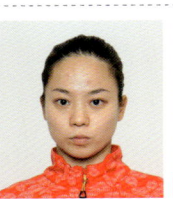

サッカー

浅野 拓磨 あさの たくま 1994.11.10（三重）	井手口 陽介 いでぐち ようすけ 1996.8.23（福岡）	岩波 拓也 いわなみ たくや 1994.6.18（兵庫）	植田 直通 うえだ なおみち 1994.10.24（熊本）	遠藤 航 えんどう わたる 1993.2.9（神奈川）	大島 僚太 おおしま りょうた 1993.1.23（静岡）
亀川 諒史 かめかわ まさし 1993.5.28（大阪）	櫛引 政敏 くしびき まさとし 1993.1.29（青森）	鈴木 武蔵 すずき むさし 1994.2.11（群馬）	興梠 慎三 こうろき しんぞう 1986.7.31（宮崎）	塩谷 司 しおたに つかさ 1988.12.5（徳島）	中島 翔哉 なかじま しょうや 1994.8.23（東京）
中村 航輔 なかむら こうすけ 1995.2.27（東京）	原川 力 はらかわ りき 1993.8.18（山口）				

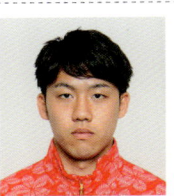

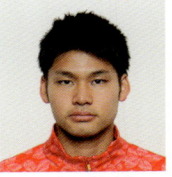

藤春 廣輝 ふじはる ひろき 1988.11.28（大阪）	**南野 拓実** みなみの たくみ 1995.1.16（大阪）	**室屋 成** むろや せい 1994.4.5（大阪）	**矢島 慎也** やじま しんや 1994.1.18（埼玉）

テニス

錦織 圭
にしこり けい
1989.12.29（島根）

杉田 祐一
すぎた ゆういち
1988.9.18（宮城）

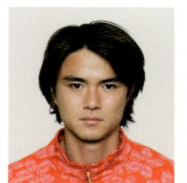

ダニエル 太郎
ダニエル たろう
1993.1.27（アメリカ）

土居 美咲
どい みさき
1991.4.29（神奈川）

日比野 菜緒
ひびの なお
1994.11.28（愛知）

穂積 絵莉
ほづみ えり
1994.2.17（神奈川）

ボート

大元 英照
おおもと ひでき
1984.8.12（宮城）

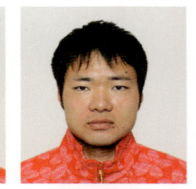

中野 紘志
なかの ひろし
1987.12.1（石川）

大石 綾美
おおいし あやみ
1991.4.9（愛知）

冨田 千愛
とみた ちあき
1993.10.18（鳥取）

ホッケー

浅野 祥代
あさの さきよ
1987.5.26（岐阜）

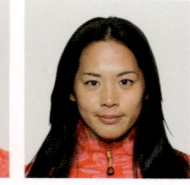

小野 真由美
おの まゆみ
1984.8.14（富山）

林 なぎさ
はやし なぎさ
1986.8.29（愛知）

錦織 えみ
にしこおり えみ
1993.1.9（島根）

阪口 真紀
さかぐち まき
1989.6.8（鳥取）

西村 綾加
にしむら あやか
1989.5.10（滋賀）

柴田 あかね
しばた あかね
1988.4.30（栃木）

永井 葉月
ながい はづき
1994.8.15（岐阜）

中川 未由希
なかがわ みゆき
1986.12.20（岐阜）

真野 由佳梨
まの ゆかり
1994.3.4（岐阜）

湯田 葉月
ゆだ はづき
1989.7.11（大阪）

永井 友理
ながい ゆり
1992.5.26（岐阜）

清水 美並
しみず みなみ
1993.7.14（滋賀）

中島 史恵
なかしま みえ
1986.6.18（岐阜）

三橋 亜記
みつはし あき
1989.9.12（宮城）

河村 元美
かわむら もとみ
1996.3.5（大阪）

ボクシング

森坂 嵐
もりさか あらし
1996.7.2（大阪）

成松 大介
なりまつ だいすけ
1989.12.14（熊本）

バレーボール

山口 舞
やまぐち まい
1983.7.3（三重）

荒木 絵里香
あらき えりか
1984.3.3（岡山）

木村 沙織
きむら さおり
1986.8.19（埼玉）

迫田 さおり
さこだ さおり
1987.12.18（鹿児島）

佐藤 あり紗
さとう ありさ
1989.7.18（宮城）

座安 琴希
ざやす ことき
1990.1.11（沖縄）

田代 佳奈美
たしろ かなみ
1991.3.25（滋賀）

石井 優希
いしい ゆき
1991.5.8（岡山）

長岡 望悠
ながおか みゆ
1991.7.25（福岡）

島村 春世
しまむら はるよ
1992.3.4（神奈川）

鍋谷 友理枝
なべや ゆりえ
1993.12.15（東京）

宮下 遥
みやした はるか
1994.9.1（三重）

体操／体操競技

内村 航平 うちむら こうへい 1989.1.3（福岡）
加藤 凌平 かとう りょうへい 1993.9.9（愛知）
山室 光史 やまむろ こうじ 1989.1.17（茨城）
田中 佑典 たなか ゆうすけ 1989.11.29（和歌山）
白井 健三 しらい けんぞう 1996.8.24（神奈川）
寺本 明日香 てらもと あすか 1995.11.19（愛知）

体操／新体操

村上 茉愛 むらかみ まい 1996.8.5（神奈川）
杉原 愛子 すぎはら あいこ 1999.9.19（大阪）
宮川 紗江 みやかわ さえ 1999.9.10（東京）
内山 由綺 うちやま ゆき 1998.1.13（東京）
皆川 夏穂 みながわ かほ 1997.8.20（千葉）
杉本 早裕吏 すぎもと さゆり 1996.1.25（愛知）

体操／トランポリン

松原 梨恵 まつばら りえ 1993.10.21（岐阜）
畠山 愛理 はたけやま あいり 1994.8.16（東京）
横田 葵子 よこた きこ 1997.5.11（東京）
熨斗谷 さくら のしたに さくら 1997.9.29（オランダ）
伊藤 正樹 いとう まさき 1988.11.2（東京）
棟朝 銀河 むねとも ぎんが 1994.4.7（東京）

バスケットボール

中野 蘭菜 なかの らな 1997.9.10（石川）
吉田 亜沙美 よしだ あさみ 1987.10.9（東京）
王 新朝喜 おう あさこ 1987.12.16（中華人民共和国）
栗原 三佳 くりはら みか 1989.5.14（大阪）
髙田 真希 たかだ まき 1989.8.23（愛知）
間宮 佑圭 まみや ゆか 1990.4.3（長崎）

渡嘉敷 来夢 とかしき らむ 1991.6.11（東京）
近藤 楓 こんどう かえで 1991.10.6（愛媛）
本川 紗奈生 もとかわ さなえ 1992.4.2（北海道）
町田 瑠唯 まちだ るい 1993.3.8（北海道）
宮澤 夕貴 みやざわ ゆき 1993.6.2（京都）
三好 南穂 みよし なほ 1993.12.21（広島）
長岡 萌映子 ながおか もえこ 1993.12.29（北海道）

レスリング

樋口 黎 ひぐち れい 1996.1.28（大阪）
高谷 惣亮 たかたに そうすけ 1989.4.5（京都）
太田 忍 おおた しのぶ 1993.12.28（青森）
井上 智裕 いのうえ ともひろ 1987.7.17（兵庫）
登坂 絵莉 とうさか えり 1993.8.30（富山）
吉田 沙保里 よしだ さおり 1982.10.5（三重）

伊調 馨 いちょう かおり 1984.6.13（青森）
川井 梨紗子 かわい りさこ 1994.11.21（石川）
土性 沙羅 どしょう さら 1994.10.17（三重）
渡利 璃穂 わたり りお 1991.9.19（島根）

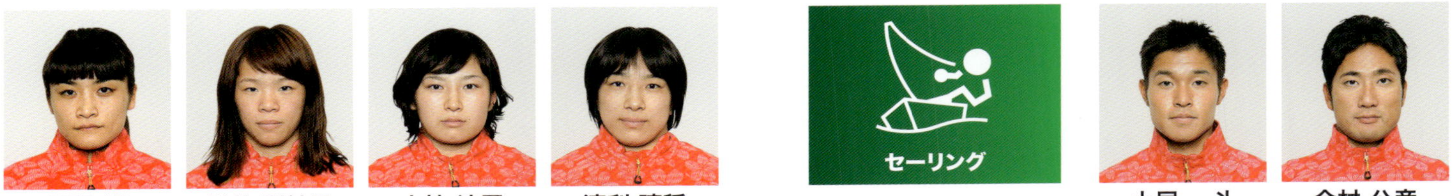

セーリング

土居 一斗 どい かずと 1992.3.17（長野）
今村 公彦 いまむら きみひこ 1984.2.3（鹿児島）

243

富澤 慎 とみざわ まこと 1984.7.19（新潟）	牧野 幸雄 まきの ゆきお 1980.5.6（熊本）	高橋 賢次 たかはし けんじ 1982.8.21（神奈川）	吉田 愛 よしだ あい 1980.11.5（神奈川）	吉岡 美帆 よしおか みほ 1990.8.27（広島）	伊勢田 愛 いせだ めぐみ 1987.6.30（滋賀）	土居 愛実 どい まなみ 1993.8.29（神奈川）	宮川 恵子 みやがわ けいこ 1986.5.17（愛知）

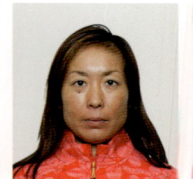

髙野 芹奈 たかの せな 1998.3.1（大阪）	**ウエイトリフティング**	髙尾 宏明 たかお ひろあき 1992.1.2（宮崎）	糸数 陽一 いとかず よういち 1991.5.24（沖縄）	中山 陽介 なかやま ようすけ 1987.3.20（山梨）	三宅 宏実 みやけ ひろみ 1985.11.18（埼玉）	八木 かなえ やぎ かなえ 1992.7.16（兵庫）

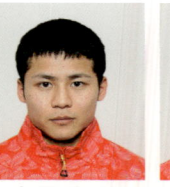

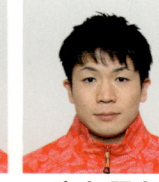

安藤 美希子 あんどう みきこ 1992.9.30（千葉）	松本 潮霞 まつもと なみか 1992.2.7（千葉）	**自転車**	新城 幸也 あらしろ ゆきや 1984.9.22（沖縄）	内間 康平 うちま こうへい 1988.11.8（沖縄）	中川 誠一郎 なかがわ せいいちろう 1979.6.7（熊本）	渡邉 一成 わたなべ かずなり 1983.8.12（福島）

脇本 雄太 わきもと ゆうた 1989.3.21（福井）	窪木 一茂 くぼき かずしげ 1989.6.6（福島）	長迫 吉拓 ながさこ よしたく 1993.9.16（岡山）	山本 幸平 やまもと こうへい 1985.8.20（北海道）	塚越 さくら つかごし さくら 1991.4.13（埼玉）	與那嶺 恵理 よなみね えり 1991.4.25（大阪）

卓球	水谷 隼 みずたに じゅん 1989.6.9（静岡）	丹羽 孝希 にわ こうき 1994.10.10（北海道）	吉村 真晴 よしむら まはる 1993.8.3（茨城）	石川 佳純 いしかわ かすみ 1993.2.23（福岡）	福原 愛 ふくはら あい 1988.11.1（宮城）	伊藤 美誠 いとう みま 2000.10.21（静岡）

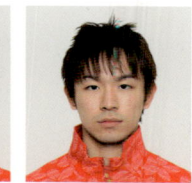

馬術	杉谷 泰造 すぎたに たいぞう 1976.6.27（大阪）	福島 大輔 ふくしま だいすけ 1977.9.20（千葉）	桝井 俊樹 ますい としき 1969.11.13（奈良）	高橋 正直 たかはし まさなお 1982.1.18（群馬）	原田 喜市 はらだ きいち 1972.11.30（山形）	大岩 義明 おおいわ よしあき 1976.7.19（愛知）

北島 隆三 きたじま りゅうぞう 1985.10.23（兵庫）	武田 麗子 たけだ れいこ 1984.12.14（アメリカ）	北井 裕子 きたい ゆうこ 1973.1.15（神奈川）	黒木 茜 くろき あかね 1978.8.13（兵庫）	**フェンシング**	太田 雄貴 おおた ゆうき 1985.11.25（滋賀）	見延 和靖 みのべ かずやす 1987.7.15（福井）

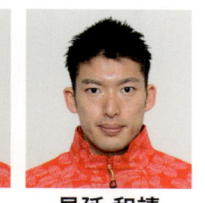

柔道

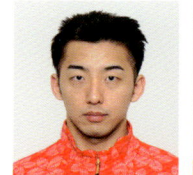

徳南 堅太 とくなん けんた 1987.8.17（福井）	西岡 詩穂 にしおか しほ 1989.2.23（和歌山）
佐藤 希望 さとう のぞみ 1986.7.3（福井）	青木 千佳 あおき ちか 1990.2.21（福井）
原沢 久喜 はらさわ ひさよし 1992.7.3（山口）	羽賀 龍之介 はが りゅうのすけ 1991.4.28（宮崎）
ベイカー 茉秋 ベイカー ましゅう 1994.9.25（東京）	永瀬 貴規 ながせ たかのり 1993.10.14（長崎）
大野 将平 おおの しょうへい 1992.2.3（山口）	海老沼 匡 えびぬま まさし 1990.2.15（栃木）
髙藤 直寿 たかとう なおひさ 1993.5.30（埼玉）	山部 佳苗 やまべ かなえ 1990.9.22（北海道）
梅木 真美 うめき まみ 1994.12.6（大分）	田知本 遥 たちもと はるか 1990.8.3（富山）
田代 未来 たしろ みく 1994.4.7（東京）	松本 薫 まつもと かおり 1987.9.11（石川）
中村 美里 なかむら みさと 1989.4.28（東京）	近藤 亜美 こんどう あみ 1995.5.9（愛知）

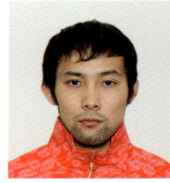

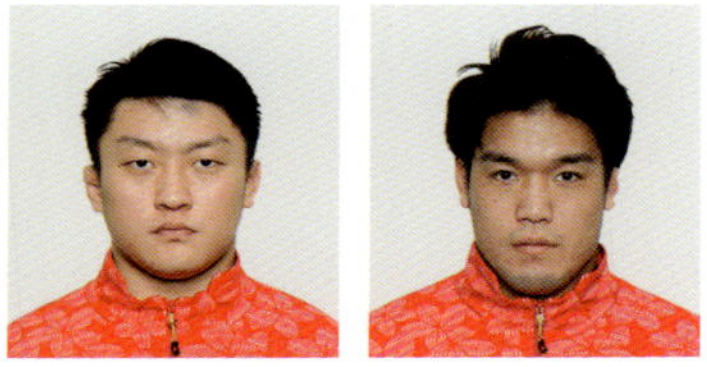

バドミントン

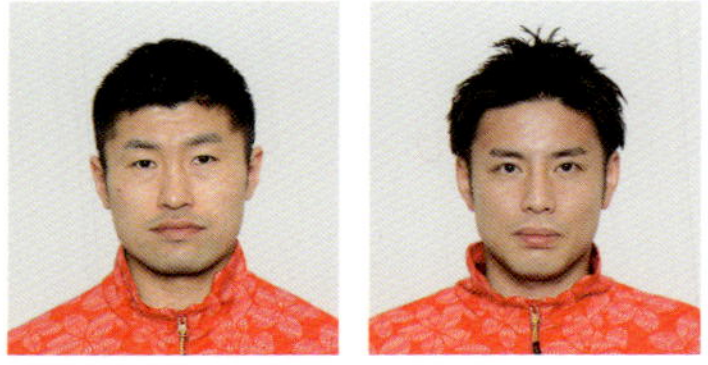

佐々木 翔 ささき しょう 1982.6.30（北海道）	早川 賢一 はやかわ けんいち 1986.4.5（滋賀）
遠藤 大由 えんどう ひろゆき 1986.12.16（埼玉）	数野 健太 かずの けんた 1985.11.25（滋賀）
奥原 希望 おくはら のぞみ 1995.3.13（長野）	山口 茜 やまぐち あかね 1997.6.6（福井）
髙橋 礼華 たかはし あやか 1990.4.19（奈良）	松友 美佐紀 まつとも みさき 1992.2.8（徳島）
栗原 文音 くりはら あやね 1989.9.27（福岡）	

射撃／ライフル射撃

松田 知幸 まつだ ともゆき 1975.12.12（神奈川）	秋山 輝吉 あきやま てるよし 1971.12.25（宮城）
森 栄太 もり えいた 1983.4.13（静岡）	山下 敏和 やました としかず 1977.2.21（徳島）
岡田 直也 おかだ なおや 1990.10.10（岡山）	佐藤 明子 さとう あきこ 1984.2.9（千葉）

射撃／クレー射撃

中山 由起枝 なかやま ゆきえ 1979.3.7（栃木）	石原 奈央子 いしはら なおこ 1974.10.22（東京）

近代五種

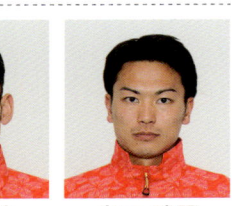

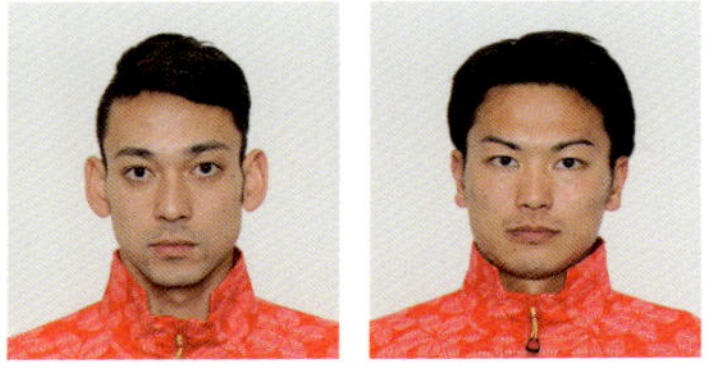

三口 智也 みぐち ともや 1986.4.26（和歌山）	岩元 勝平 いわもと しょうへい 1989.8.23（佐賀）

ラグビーフットボール

朝長 なつ美 ともなが なつみ 1991.8.22（埼玉）	桑水流 裕策 くわずる ゆうさく 1985.10.23（鹿児島）
副島 亀理 ララボウ ラティアナラ そえじま かめり ララボウ ラティアナラ 1983.6.1（フィジー）	トゥキリ ロテ 1987.11.12（フィジー）
徳永 祥尭 とくなが よしたか 1992.4.10（静岡）	彦坂 匡克 ひこさか まさかつ 1991.1.18（愛知）

レメキ ロマノ ラヴァ	合谷 和弘	坂井 克行	豊島 翔平	羽野 一志	後藤 輝也	福岡 堅樹	中村 知春
1989.1.20（ニュージーランド）	ごうや かずひろ 1993.4.21（福岡）	さかい かつゆき 1988.9.7（三重）	とよしま しょうへい 1989.1.9（東京）	はの かずし 1991.6.21（愛知）	ごとう てるや 1991.12.18（山梨）	ふくおか けんき 1992.9.7（福岡）	なかむら ちはる 1988.4.25（東京）

冨田 真紀子	山中 美緒	大黒田 裕芽	桑井 亜乃	山口 真理恵	横尾 千里	谷口 令子	鈴木 彩香
とみた まきこ 1991.8.2（千葉）	やまなか みお 1995.10.27（大阪）	おおくろだ ゆめ 1994.7.6（神奈川）	くわい あの 1989.10.20（北海道）	やまぐち まりえ 1989.10.22（神奈川）	よこお ちさと 1992.5.22（東京）	たにぐち のりこ 1992.9.7（アメリカ）	すずき あやか 1989.9.30（神奈川）

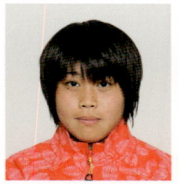

三樹 加奈	兼松 由香	小出 深冬	竹内 亜弥	カヌー		矢澤 一輝	羽根田 卓也
みつぎ かな 1992.6.28（宮崎）	かねまつ ゆか 1982.6.17（愛知）	こいで みふゆ 1995.12.21（神奈川）	たけうち あや 1986.8.5（岐阜）			やざわ かずき 1989.3.4（長野）	はねだ たくや 1987.7.17（愛知）

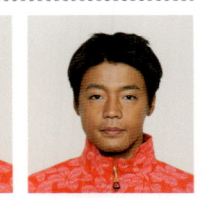

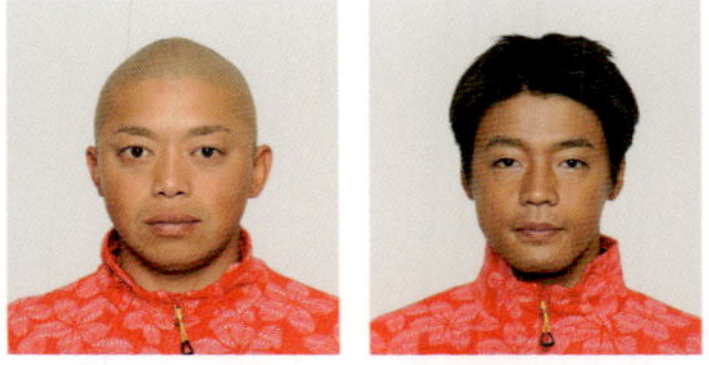

佐々木 将汰	佐々木 翼	矢澤 亜季	アーチェリー		古川 高晴	川中 香緒里	林 勇気
ささき しょうた 1993.1.10（秋田）	ささき つばさ 1995.3.23（秋田）	やざわ あき 1991.11.5（長野）			ふるかわ たかはる 1984.8.9（青森）	かわなか かおり 1991.8.3（鳥取）	はやし ゆうき 1984.10.2（大阪）

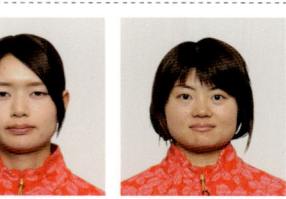

永峰 沙織	トライアスロン		田山 寛豪	上田 藍	加藤 友里恵	佐藤 優香
ながみね さおり 1993.7.5（兵庫）			たやま ひろかつ 1981.11.12（茨城）	うえだ あい 1983.10.26（京都）	かとう ゆりえ 1987.1.27（千葉）	さとう ゆか 1992.1.18（千葉）

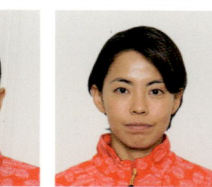

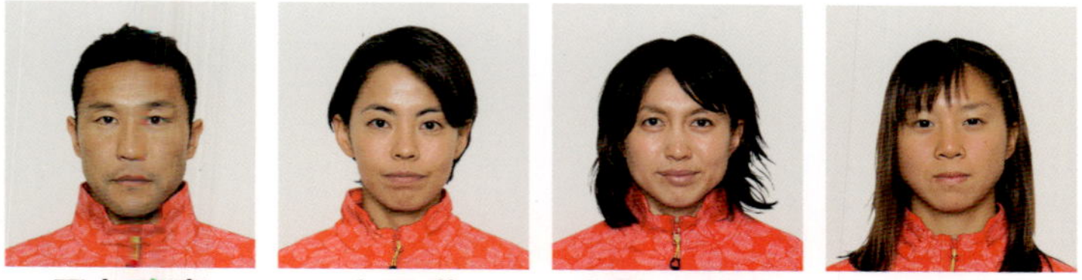

ゴルフ	池田 勇太	片山 晋呉	野村 敏京	大山 志保	テコンドー	濱田 真由
	いけだ ゆうた 1985.12.22（千葉）	かたやま しんご 1973.1.31（茨城）	のむら はるきょう 1992.11.25（神奈川）	おおやま しほ 1977.5.25（宮崎）		はまだ まゆ 1994.1.31（佐賀）

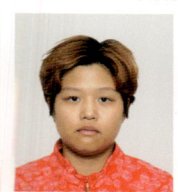

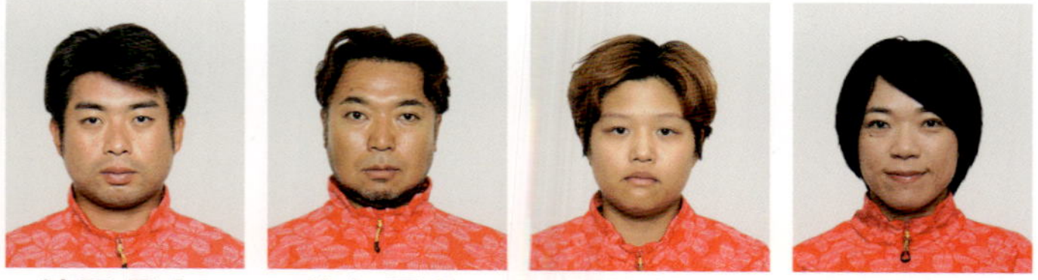

日本代表選手団

■選手 338名（男子：174名／女子：164名）　■本部・役員 263名

※2016年8月8日付でラグビー冨田選手から竹内選手に交替。

リオデジャネイロオリンピック
日本代表選手団への
たくさんのご声援
ありがとうございました。

ワールドワイドオリンピックパートナー

Coca-Cola　Atos　BRIDGESTONE　Dow　GE　McDonald's
OMEGA　Panasonic　P&G　SAMSUNG　TOYOTA　VISA

JOCゴールドパートナー

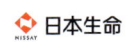

Asahi アサヒビール　asics　Canon　ENEOS　東京海上日動　日本生命
NEC　NTT　NOMURA　FUJITSU　MIZUHO　SMBC 三井住友銀行
三井不動産　meiji　LIXIL

JOCオフィシャルパートナー

AJINOMOTO　EF Education First　airweave　kikkoman　Knt 近畿日本ツーリスト　JTB　CISCO
SECOM　ANA　ALSOK　Daiwa House　TOKYO GAS　東京メトロ　TOTO
TOBU TOP TOURS　NISSIN　JP 日本郵便　JAPAN AIRLINES　JR東日本　MITSUBISHI ELECTRIC　ヤマトホールディングス
読売新聞　朝日新聞　NIKKEI　毎日新聞

247

全競技結果と日本人選手の成績

<WR>世界新記録
<OR>オリンピック新記録
<NR>日本新記録

🏃 陸上競技

男子100m
1. ボルト(ジャマイカ) ……………… 9秒81
2. ガトリン(アメリカ) ……………… 9秒89
3. デグラッセ(カナダ) ……………… 9秒91
11. 山縣亮太(日本)　準決勝敗退　　10秒05
21. ケンブリッジ飛鳥(日本)　準決勝敗退　10秒17
29. 桐生祥秀(日本)　予選敗退　　　10秒23

男子200m
1. ボルト(ジャマイカ) ……………… 19秒78
2. デグラッセ(カナダ) ……………… 20秒02
3. ルメートル(フランス) …………… 20秒12
30. 飯塚翔太(日本)　予選敗退　　　20秒49
55. 髙瀬慧(日本)　予選敗退　　　　20秒71
64. 藤光謙司(日本)　予選敗退　　　20秒86

男子400m
1. ファンニーケルク(南アフリカ) ……… <WR>43秒03
2. ジェームズ(グレナダ) ……………… 43秒76
3. メリット(アメリカ) ………………… 43秒85
38. ウォルシュ・ジュリアン(日本)　予選敗退 …… 46秒37
47. 金丸祐三(日本)　予選敗退　　　48秒38

男子800m
1. ルディシャ(ケニア) ……………… 1分42秒15
2. マフロフィ(アルジェリア) ……… 1分42秒61
3. マーフィー(アメリカ) …………… 1分42秒93
43. 川元奨(日本)　予選敗退　　　1分49秒41

男子1500m
1. セントロウィッツ(アメリカ) ……… 3分50秒00
2. マフロフィ(アルジェリア) ……… 3分50秒11
3. ウィリス(ニュージーランド) …… 3分50秒24

男子5000m
1. ファラー(イギリス) ……………… 13分03秒30
2. チェリモ(アメリカ) ……………… 13分03秒90
3. ゲブルヒウェト(エチオピア) …… 13分04秒35
28. 大迫傑(日本)　予選敗退　　　13分31秒45
42. 村山紘太(日本)　予選敗退　　14分26秒72

男子10000m
1. ファラー(イギリス) ……………… 27分05秒17
2. タヌイ(ケニア) ………………… 27分05秒64
3. トラ(エチオピア) ……………… 27分06秒26
17. 大迫傑(日本) …………………… 27分51秒94
29. 設楽悠太(日本) ………………… 28分55秒23
30. 村山紘太(日本) ………………… 29分02秒51

男子マラソン
1. キプチョゲ(ケニア) ……………… 2時間08分44秒
2. リレサ(エチオピア) ……………… 2時間09分54秒
3. ラップ(アメリカ) ………………… 2時間10分05秒
16. 佐々木悟(日本) ………………… 2時間13分57秒
36. 石川末廣(日本) ………………… 2時間17分08秒
94. 北島寿典(日本) ………………… 2時間25分11秒

男子110mハードル
1. マクレオド(ジャマイカ) …………… 13秒05
2. オルテガ(スペイン) ……………… 13秒17
3. パスク(フランス) ………………… 13秒24
32. 矢澤航　予選敗退　　　　　　　13秒88

男子400mハードル
1. クレメント(アメリカ) ……………… 47秒73
2. ツムティ(ケニア) ………………… 47秒78
3. コペリョ(トルコ) ………………… 47秒92
15. 野澤啓佑(日本)　準決勝敗退　　49秒20
25. 松下祐樹(日本)　予選敗退　　　49秒60

男子3000m障害
1. C・キプルト(ケニア) …………… <OR>8分03秒28
2. ジャガー(アメリカ) ……………… 8分04秒28
3. メキシベナパ(フランス) ………… 8分11秒52
33. 塩尻和也(日本)　予選敗退　　　8分40秒98

男子20km競歩
1. 王鎮(中国) ……………………… 1時間19分14秒
2. 蔡沢林(中国) …………………… 1時間19分26秒
3. バードスミス(オーストラリア) … 1時間19分37秒
7. 松永大介(日本) ………………… 1時間20分22秒
21. 藤澤勇(日本) …………………… 1時間22分03秒
42. 髙橋英輝(日本) ………………… 1時間24分59秒

男子50km競歩
1. トート(スロバキア) ……………… 3時間40分58秒
2. タレント(オーストラリア) ……… 3時間41分16秒
3. 荒井広宙(日本) ………………… 3時間41分24秒
14. 谷井孝行(日本) ………………… 3時間51分00秒
27. 森岡紘一朗(日本) ……………… 3時間58分59秒

男子4×100mリレー
1. ジャマイカ ……………………… 37秒27
(パウエル、ブレーク、アシュミード、ボルト)
2. 日本 ………………………… <NR>37秒60
(山縣亮太、飯塚翔太、桐生祥秀、ケンブリッジ飛鳥)
3. カナダ …………………………… 37秒64

男子4×400mリレー
1. アメリカ ………………………… 2分57秒30
(ホール、マクウェイ、ロバーツ、メリット)
2. ジャマイカ ……………………… 2分58秒16
3. バハマ …………………………… 2分58秒49
13. 日本　予選敗退　　　　　　　　2分02秒95
(ウォルシュ・ジュリアン、田村朋也、北川貴理、加藤修也)

男子走高跳
1. ドルーイン(カナダ) ……………… 2m38
2. バルシム(カタール) ……………… 2m36
3. ボンダレンコ(ウクライナ) ……… 2m33
35. 衛藤昂　予選敗退 ……………… 2m17

男子棒高跳
1. ダシルバ(ブラジル) ……………… <OR>6m03
2. ラビレニ(フランス) ……………… 5m98
3. ケンドリクス(アメリカ) ………… 5m85
7. 澤野大地(日本) ………………… 5m50
21. 萩田大樹(日本)　予選敗退 …… 5m45
―. 山本聖途(日本)　予選敗退

男子走幅跳
1. ヘンダーソン(アメリカ) ………… 8m38
2. マニョンガ(南アフリカ) ………… 8m37
3. ラザフォード(イギリス) ………… 8m29

男子三段跳
1. テーラー(アメリカ) ……………… 17m86
2. クレイ(アメリカ) ………………… 17m76
3. 董斌(中国) ……………………… 17m58
29. 長谷川大悟(日本)　予選敗退 … 16m17
35. 山下航平(日本)　予選敗退 …… 15m71

男子砲丸投
1. クルーザー(アメリカ) …………… <OR>22m52
2. コバックス(アメリカ) …………… 21m78
3. ウォルシュ(ニュージーランド) … 21m36

男子円盤投
1. ハルティング(ドイツ) …………… 68m37
2. マワホフスキ(ポーランド) ……… 67m55
3. ヤシンスキ(ドイツ) ……………… 67m05

男子ハンマー投
1. ナザロフ(タジキスタン) ………… 78m68
2. チホン(ベラルーシ) ……………… 77m79
3. ノビツキ(ポーランド) …………… 77m73

男子やり投
1. レーラー(ドイツ) ………………… 90m30
2. イエゴ(ケニア) ………………… 88m24
3. ウォルコット(トリニダード・トバゴ) … 85m38
11. 新井涼平(日本) ………………… 79m47

男子10種競技
1. イートン(アメリカ) ……………… 8893点
2. マイアー(フランス) ……………… 8834点
3. ワーナー(カナダ) ……………… 8666点
20. 右代啓祐(日本) ………………… 7952点
22. 中村明彦(日本) ………………… 7612点

女子100m
1. トンプソン(ジャマイカ) ………… 10秒71
2. ボウイ(アメリカ) ………………… 10秒83
3. フレーザープライス(ジャマイカ) … 10秒86

女子200m
1. トンプソン(ジャマイカ) ………… 21秒78
2. スキッパーズ(オランダ) ………… 21秒88
3. ボウイ(アメリカ) ………………… 22秒15
38. 福島千里(日本)　予選敗退　　23秒21

女子400m
1. ミラー(バハマ) ………………… 49秒44
2. フェリックス(アメリカ) ………… 49秒51
3. ジャクソン(ジャマイカ) ………… 49秒85

女子800m
1. セメンヤ(南アフリカ) …………… 1分55秒28
2. ニヨンサバ(ブルンジ) …………… 1分56秒49
3. ワンブイ(ケニア) ………………… 1分56秒89

女子1500m
1. キピエゴン(ケニア) ……………… 4分08秒92
2. G・ディババ(エチオピア) ……… 4分10秒27
3. シンプソン(アメリカ) …………… 4分10秒53

女子5000m
1. チェルイヨット(ケニア) ………… <OR>14分26秒17
2. オビリ(ケニア) ………………… 14分29秒77
3. アヤナ(エチオピア) ……………… 14分33秒59
15. 上原美幸(日本) ………………… 15分34秒97
18. 尾西美咲(日本)　予選敗退 …… 15分29秒17
24. 鈴木亜由子(日本)　予選敗退 … 15分41秒81

女子10000m
1. アヤナ(エチオピア) ……………… <WR>29分17秒45
2. チェルイヨット(ケニア) ………… 29分32秒53
3. T・ディババ(エチオピア) ……… 29分42秒56
18. 高島由香(日本) ………………… 31分36秒44
20. 関根花観(日本) ………………… 31分44秒44

女子マラソン
1. スムゴング(ケニア) ……………… 2時間24分04秒
2. キルワ(バーレーン) ……………… 2時間24分13秒
3. M・ディババ(エチオピア) ……… 2時間24分30秒
14. 福士加代子(日本) ……………… 2時間29分53秒
19. 田中智美(日本) ………………… 2時間31分12秒
46. 伊藤舞(日本) …………………… 2時間37分37秒

女子100mハードル
1. ロリンズ(アメリカ) ……………… 12秒48
2. アリ(アメリカ) ………………… 12秒59
3. カストリン(アメリカ) …………… 12秒61

女子400mハードル
1. ムハンマド(アメリカ) …………… 53秒13
2. ピーターセン(デンマーク) ……… 53秒55
3. スペンサー(アメリカ) …………… 53秒72
35. 久保倉里美　予選敗退　　　　　57秒34

女子3000m障害
1. ジェベト(バーレーン) …………… 8分59秒75
2. ジェプケモイ(ケニア) …………… 9分07秒12
3. コバーン(アメリカ) ……………… 9分07秒63
49. 高見澤安珠(日本)　予選敗退 … 9分58秒59

女子20km競歩
1. 劉虹(中国) ……………………… 1時間28分35秒
2. ゴンサレス(メキシコ) …………… 1時間28分37秒
3. 呂秀芝(中国) …………………… 1時間28分42秒
16. 岡田久美子(日本) ……………… 1時間32分42秒

女子4×100mリレー
1. アメリカ ………………………… 41秒01
(バートレッタ、フェリックス、ガードナー、ボウイ)
2. ジャマイカ ……………………… 41秒36
3. イギリス ………………………… 41秒77

全競技結果

女子 4×400m リレー
1. アメリカ ……………………………………… 3分19秒06
(オノロ、ヘイスティングズ、フランシス、フェリックス)
2. ジャマイカ …………………………………… 3分20秒34
3. イギリス ……………………………………… 3分25秒88

女子走高跳
1. ベイティア(スペイン) ………………………………… 1m97
2. デミレワ(ブルガリア) ………………………………… 1m97
3. ブラシッチ(クロアチア) ……………………………… 1m97

女子棒高跳
1. ステファニディ(ギリシャ) …………………………… 4m85
2. モリス(アメリカ) ……………………………………… 4m85
3. マカートニー(ニュージーランド) …………………… 4m80

女子走幅跳
1. バートレッタ(アメリカ) ……………………………… 7m17
2. リース(アメリカ) ……………………………………… 7m15
3. スパノビッチ(セルビア) ……………………………… 7m08
37. 甲斐好美(日本) 予選敗退 ………………………… 5m87

女子三段跳
1. イバルグエン(コロンビア) …………………………… 15m17
2. ロハス(ベネズエラ) …………………………………… 14m98
3. ルイパコワ(カザフスタン) …………………………… 14m74

女子砲丸投
1. カーター(アメリカ) …………………………………… 20m63
2. アダムス(ニュージーランド) ………………………… 20m42
3. マルトン(ハンガリー) ………………………………… 19m87

女子円盤投
1. ペルコビッチ(クロアチア) …………………………… 69m21
2. ロベールミション(フランス) ………………………… 66m73
3. カバリェロ(キューバ) ………………………………… 65m34

女子ハンマー投
1. ウォダルチク(ポーランド) ………………… <WR>82m29
2. 張文秀(中国) ………………………………………… 76m75
3. ヒッチョン(イギリス) ………………………………… 74m54

女子やり投
1. コラク(クロアチア) …………………………………… 66m18
2. フィルユン(南アフリカ) ……………………………… 64m92
3. シュポタコバ(チェコ) ………………………………… 64m80
21. 海老原有希(日本) 予選敗退 ……………………… 57m68

女子7種競技
1. チアン(ベルギー) ……………………………………… 6810点
2. エニスヒル(イギリス) ………………………………… 6775点
3. タイセンイートン(カナダ) …………………………… 6653点

水泳／競泳

男子50m自由形
1. アービン(アメリカ) …………………………………… 21秒40
2. マナドゥ(フランス) …………………………………… 21秒41
3. エイドリアン(アメリカ) ……………………………… 21秒49
16. 塩浦慎理(日本) 準決勝敗退 ……………………… 22秒18
18. 中村克(日本) 予選敗退 …………………………… 22秒13

男子100m自由形
1. チャルマーズ(オーストラリア) ……………………… 47秒58
2. ティメルス(ベルギー) ………………………………… 47秒80
3. エイドリアン(アメリカ) ……………………………… 47秒85
17. 中村克(日本) 予選敗退 …………………………… 48秒61
27. 塩浦慎理(日本) 予選敗退 ………………………… 48秒94

男子200m自由形
1. 孫楊(中国) …………………………………………… 1分44秒65
2. レクロー(南アフリカ) ……………………………… 1分45秒20
3. ドワイヤー(アメリカ) ……………………………… 1分45秒23
7. 萩野公介(日本) …………………………………… 1分45秒90

男子400m自由形
1. ホートン(オーストラリア) ………………………… 3分41秒55
2. 孫楊(中国) ………………………………………… 3分41秒68
3. デッティ(イタリア) ………………………………… 3分43秒49
31. 江原騎士(日本) 予選敗退 ……………………… 3分50秒61

男子1500m自由形
1. パルトリニエリ(イタリア) ………………………… 14分34秒57
2. イエガー(アメリカ) ………………………………… 14分39秒48
3. デッティ(イタリア) ………………………………… 14分40秒86

男子100m背泳ぎ
1. マーフィー(アメリカ) ………………………… <OR>51秒97
2. 徐嘉余(中国) ………………………………………… 52秒31
3. プラマー(アメリカ) …………………………………… 52秒40
7. 入江陵介(日本) ……………………………………… 53秒42
19. 長谷川純矢 予選敗退 ……………………………… 54秒17

男子200m背泳ぎ
1. マーフィー(アメリカ) ……………………………… 1分53秒62
2. ラーキン(オーストラリア) ………………………… 1分53秒96
3. リロフ(ロシア) ……………………………………… 1分53秒97
8. 入江陵介(日本) …………………………………… 1分56秒36
11. 金子雅紀(日本) 準決勝敗退 …………………… 1分56秒78

男子100m平泳ぎ
1. ピーティ(イギリス) ………………………… <WR>57秒13
2. ファンデルバーグ(南アフリカ) ……………………… 58秒69
3. ミラー(アメリカ) ……………………………………… 58秒87
6. 小関也朱篤(日本) …………………………………… 59秒37
18. 渡辺一平(日本) 予選敗退 ……………………… 1分00秒33

男子200m平泳ぎ
1. バランディン(カザフスタン) ……………………… 2分07秒46
2. プリノ(アメリカ) …………………………………… 2分07秒53
3. チュプコフ(ロシア) ………………………………… 2分07秒70
5. 小関也朱篤(日本) ………………………………… 2分07秒80
6. 渡辺一平(日本) …………………………………… 2分07秒87

男子100mバタフライ
1. スクーリング(シンガポール) ………………… <OR>50秒39
2. フェルプス(アメリカ) ………………………………… 51秒14
2. レクロー(南アフリカ) ………………………………… 51秒14
2. チェー(ハンガリー) ………………………………… 51秒14
20. 藤井拓郎(日本) 予選敗退 ………………………… 52秒36

男子200mバタフライ
1. フェルプス(アメリカ) ……………………………… 1分53秒36
2. 坂井聖人(日本) …………………………………… 1分53秒40
3. ケンデレシ(ハンガリー) …………………………… 1分53秒62
5. 瀬戸大也(日本) …………………………………… 1分54秒82

男子200m個人メドレー
1. フェルプス(アメリカ) ……………………………… 1分54秒66
2. 萩野公介(日本) …………………………………… 1分56秒61
3. 汪順(中国) ………………………………………… 1分57秒05
4. 藤森太将(日本) …………………………………… 1分57秒21

男子400m個人メドレー
1. 萩野公介(日本) ……………………………… <NR>4分06秒05
2. ケイリシュ(アメリカ) ……………………………… 4分06秒75
3. 瀬戸大也(日本) …………………………………… 4分09秒71

男子4×100mリレー
1. アメリカ …………………………………………… 3分09秒92
(ドレセル、フェルプス、ヘルド、エイドリアン)
2. フランス …………………………………………… 3分10秒53
3. オーストラリア …………………………………… 3分11秒37
8. 日本 ……………………………………………… 3分14秒48
(中村克、塩浦慎理、小長谷研二、古賀淳也)

男子4×200mリレー
1. アメリカ …………………………………………… 7分00秒66
(ドワイヤー、ハース、ロクテ、フェルプス)
2. イギリス …………………………………………… 7分03秒13
3. 日本 ……………………………………………… 7分03秒50
(萩野公介、江原騎士、小堀勇氣、松田丈志)

男子4×100mメドレーリレー
1. アメリカ ……………………………… <OR>3分27秒95
(マーフィー、ミラー、フェルプス、エイドリアン)
2. イギリス …………………………………………… 3分29秒24
3. オーストラリア …………………………………… 3分29秒93
5. 日本 ……………………………………………… 3分31秒97
(入江陵介、小関也朱篤、藤井拓郎、中村克)

男子10kmマラソン
1. ウェールトマン(オランダ) …………………… 1時間52分59秒8
2. ヤニオティス(ギリシャ) ……………………… 1時間52分59秒8
3. オリビエ(フランス) …………………………… 1時間53分02秒0
8. 平井康翔(日本) ……………………………… 1時間53分04秒6

女子50m自由形
1. ブルメ(デンマーク) …………………………………… 24秒07
2. マニュエル(アメリカ) ………………………………… 24秒09
3. ヘラシメニア(ベラルーシ) …………………………… 24秒11
36. 池江璃花子(日本) 予選敗退 ……………………… 25秒45
43. 松本弥生(日本) 予選敗退 ………………………… 25秒73

女子100m自由形
1. マニュエル(アメリカ) ………………………… <OR>52秒70
1. オレクシアク(カナダ) ………………………… <OR>52秒70
3. ショーストロム(スウェーデン) …………………… 52秒99
12. 池江璃花子(日本) 準決勝敗退 …………………… 54秒31
14. 内田美希(日本) 準決勝敗退 ……………………… 54秒39

女子200m自由形
1. レデッキー(アメリカ) ……………………………… 1分53秒73
2. ショーストロム(スウェーデン) ……………………… 1分54秒08
3. E・マキオン(オーストラリア) ……………………… 1分54秒92
17. 五十嵐千尋(日本) 予選敗退 …………………… 1分57秒88
21. 池江璃花子(日本) 予選敗退 …………………… 1分58秒49

女子400m自由形
1. レデッキー(アメリカ) ……………………… <WR>3分56秒46
2. カーリン(イギリス) ……………………………… 4分01秒23
3. スミス(アメリカ) ………………………………… 4分01秒92
12. 五十嵐千尋(日本) 予選敗退 …………………… 4分07秒52

女子800m自由形
1. レデッキー(アメリカ) ……………………… <WR>8分04秒79
2. カーリン(イギリス) ……………………………… 8分16秒17
3. カパシュ(ハンガリー) …………………………… 8分16秒37

女子100m背泳ぎ
1. ホッスー(ハンガリー) ………………………………… 58秒45
2. ベーカー(アメリカ) …………………………………… 58秒75
3. マッセ(カナダ) ………………………………………… 58秒76
3. 傅園慧(中国) ………………………………………… 58秒76
26. 酒井夏海(日本) 予選敗退 ……………………… 1分01秒74

女子200m背泳ぎ
1. ディラド(アメリカ) ………………………………… 2分05秒99
2. ホッスー(ハンガリー) ……………………………… 2分06秒05
3. カルドウェル(カナダ) ……………………………… 2分07秒54
26. 酒井夏海(日本) 予選敗退 ……………………… 2分13秒99

女子100m平泳ぎ
1. キング(アメリカ) …………………………… <OR>1分04秒93
2. エフィモワ(ロシア) ………………………………… 1分05秒50
3. マイリ(アメリカ) …………………………………… 1分05秒69
12. 鈴木聡美(日本) 準決勝敗退 …………………… 1分07秒18
15. 渡部香生子(日本) 準決勝敗退 ………………… 1分07秒43

女子200m平泳ぎ
1. 金藤理絵(日本) …………………………………… 2分20秒30
2. エフィモワ(ロシア) ………………………………… 2分21秒97
3. 史婧琳(中国) ……………………………………… 2分22秒28
13. 渡部香生子(日本) ……………………………… 2分25秒10

女子100mバタフライ
1. ショーストロム(スウェーデン) ……………… <WR>55秒48
2. オレクシアク(カナダ) ………………………………… 56秒46
3. ボルマー(アメリカ) …………………………………… 56秒63
5. 池江璃花子(日本) …………………………… <NR>56秒86
10. 星奈津美(日本) 準決勝敗退 ……………………… 58秒03

女子200mバタフライ
1. ベルモンテガルシア(スペイン) …………………… 2分04秒85
2. グロープス(オーストラリア) ……………………… 2分04秒88
3. 星奈津美(日本) …………………………………… 2分05秒20
9. 長谷川涼香(日本) 準決勝敗退 ………………… 2分07秒33

女子200m個人メドレー
1. ホッスー(ハンガリー) ……………………… <OR>2分06秒58
2. オコーナー(イギリス) ……………………………… 2分06秒88
3. ディラド(アメリカ) ………………………………… 2分08秒79
9. 寺村美穂(日本) 準決勝敗退 …………………… 2分11秒03
15. 今井月(日本) 準決勝敗退 ……………………… 2分12秒53

女子400m個人メドレー
1. ホッスー(ハンガリー) ……………………… <WR>4分26秒36
2. ディラド(アメリカ) ………………………………… 4分31秒15
3. ベルモンテガルシア(スペイン) …………………… 4分32秒39
8. 清水咲子(日本) …………………………………… 4分38秒06
10. 髙橋美帆(日本) 予選敗退 ……………………… 4分37秒33

全競技結果

女子 4×100m リレー
1. オーストラリア ＜WR＞3分30秒65
(E・マキオン、エルムスリー、B・キャンベル、C・キャンベル)
2. アメリカ 3分31秒89
3. カナダ 3分32秒89
8. 日本 3分37秒78
(内田美希、池江璃花子、山口美咲、松本弥生)

女子 4×200m リレー
1. アメリカ 7分43秒03
(シュミット、スミス、ディラド、レデッキー)
2. オーストラリア 7分44秒87
3. カナダ 7分45秒39
8. 日本 7分56秒76
(五十嵐千尋、持田早智、青木智美、池江璃花子)

女子 4×100m メドレーリレー
1. アメリカ 3分53秒13
(ベーカー、キング、ボルマー、マニュエル)
2. オーストラリア 3分55秒00
3. デンマーク 3分55秒01
10. 日本　予選敗退 3分59秒82
(酒井夏海、鈴木聡美、池江璃花子、内田美希)

女子 10kmマラソン
1. ファンラウエンダール(オランダ) 1時間56分32秒1
2. ブルニ(イタリア) 1時間56分49秒5
3. オキモト(ブラジル) 1時間56分51秒4
12. 貴田裕美(日本) 1時間57分35秒2

水泳／飛込

男子 3m 飛板飛込
1. 曹縁(中国) 547.60点
2. ロアー(イギリス) 523.85点
3. ホイスディンク(ドイツ) 498.90点
20. 寺内健(日本)　予選敗退 380.85点
22. 坂井丞(日本)　予選敗退 373.70点

男子 10m 高飛込
1. 陳艾森(中国) 585.30点
2. サンチェス(メキシコ) 532.70点
3. ボウディア(アメリカ) 525.25点

男子 3m シンクロナイズドダイビング
1. ロアー、ミアーズ(イギリス) 454.32点
2. ドーマン、ヒクソン(アメリカ) 450.21点
3. 曹縁、秦凱(中国) 443.70点

男子 10m シンクロナイズドダイビング
1. 陳艾森、林躍(中国) 496.98点
2. ボウディア、ジョンソン(アメリカ) 457.11点
3. デーリー、グッドフェロー(イギリス) 444.45点

女子 3m 飛板飛込
1. 施廷懋(中国) 406.05点
2. 何姿(中国) 387.90点
3. カニョット(イタリア) 372.80点

女子 10m 高飛込
1. 任茜(中国) 439.25点
2. 司雅傑(中国) 419.40点
3. ベンフィート(カナダ) 389.20点
8. 板橋美波(日本) 356.60点

女子 3m シンクロナイズドダイビング
1. 施廷懋、呉敏霞(中国) 345.60点
2. カニョット、ダラッペ(イタリア) 313.83点
3. キーニー、スミス(オーストラリア) 299.19点

女子 10m シンクロナイズドダイビング
1. 陳若琳、劉蕙瑕(中国) 354.00点
2. ジュンフーン、パム(マレーシア) 344.34点
3. ベンフィート、フィリオン(カナダ) 336.18点

水泳／水球

男子
1. セルビア
2. クロアチア
3. イタリア
12. 日本

女子
1. アメリカ
2. イタリア
3. ロシア

水泳／シンクロナイズドスイミング

チーム
1. ロシア 196.1439点
2. 中国 192.9841点
3. 日本 189.2056点
(乾友紀子、三井梨紗子、吉田胡桃、箱山愛香、中村麻衣、丸茂圭衣、中牧佳南、小俣夏乃、林愛子)

デュエット
1. イーシェンコ、ロマシナ(ロシア) 194.9910点
2. 黄雪辰、孫文雁(中国) 192.3688点
3. 乾友紀子、三井梨紗子(日本) 188.0547点

サッカー

男子
1. ブラジル
2. ドイツ
3. ナイジェリア
― 日本　1次リーグ敗退

女子
1. ドイツ
2. スウェーデン
3. カナダ

テニス

男子シングルス
1. A・マリー(イギリス)
2. デルポトロ(アルゼンチン)
3. 錦織圭(日本)
9. ダニエル太郎(日本)　3回戦敗退
17. 杉田祐一(日本)　2回戦敗退

男子ダブルス
1. M・ロペス、ナダル(スペイン)
2. メルジェ、テカウ(ルーマニア)
3. ジョンソン、ソック(アメリカ)

女子シングルス
1. プイグ(プエルトリコ)
2. ケルバー(ドイツ)
3. クビトバ(チェコ)
17. 土居美咲(日本)　2回戦敗退
17. 日比野菜緒(日本)　2回戦敗退

女子ダブルス
1. マカロワ、ベスニナ(ロシア)
2. バシンスキー、ヒンギス(スイス)
3. サファロバ、ストリコバ(チェコ)
9. 土屋美咲、穂積絵莉(日本)　2回戦敗退

ミックスダブルス
1. マテックサンズ、ソック(アメリカ)
2. V・ウィリアムズ、ラム(アメリカ)
3. ハラデツカ、ステパネク(チェコ)

ボート

男子シングルスカル
1. ドライスデール(ニュージーランド) 6分41秒34
2. マルティン(クロアチア) 6分41秒34
3. シネク(チェコ) 6分44秒10

男子ダブルスカル
1. クロアチア 6分50秒28
(M・シンコピッチ、V・シンコピッチ)
2. リトアニア 6分51秒39
3. ノルウェー 6分53秒25

男子クォドプルスカル
1. ドイツ 6分06秒81
(グリューネ、シュルツェ、ショーフ、ヴェンデ)
2. オーストラリア 6分07秒96
3. エストニア 6分10秒65

男子舵なしペア
1. ニュージーランド 6分59秒71
(マレー、ボンド)
2. 南アフリカ 7分02秒51
3. イタリア 7分04秒52

男子舵なしフォア
1. イギリス 5分58秒61
(グレゴリー、スビヒ、ルルディス、ナッシュ)
2. オーストラリア 6分00秒44
3. イタリア 6分03秒85

男子エイト
1. イギリス 5分29秒63
(ホッジ、リード、サッチ、ランズリー、ラングリッジ、ヒル、ゴットレル、デュラント、ベネット)
2. ドイツ 5分30秒96
3. オランダ 5分31秒59

男子軽量級ダブルスカル
1. フランス 6分30秒70
(フィン、アズー)
2. アイルランド 6分31秒23
3. ノルウェー 6分31秒39
15. 日本 6分45秒81
(中野紘志、大元英照)

男子軽量級舵なしフォア
1. スイス 6分20秒51
(トラメ、ニープマン、シュルヒ、ギア)
2. デンマーク 6分21秒97
3. フランス 6分22秒85

女子シングルスカル
1. ブレナン(オーストラリア) 7分21秒54
2. ストーン(アメリカ) 7分22秒92
3. 段静莉(中国) 7分24秒13

女子ダブルスカル
1. ポーランド 7分40秒10
(フラルチク、マダイ)
2. イギリス 7分41秒05
3. リトアニア 7分43秒76

女子クォドプルスカル
1. ドイツ 6分49秒39
(ティエレ、バー、シュミドラ、リアー)
2. オランダ 6分50秒33
3. ポーランド 6分50秒86

女子舵なしペア
1. イギリス 7分18秒29
(グラバー、スタニング)
2. ニュージーランド 7分19秒53
3. デンマーク 7分20秒71

女子エイト
1. アメリカ 6分01秒49
(マスニッキー、スナイダー、ポルク、ローガン、ゴボ、シュメッターリング、リーガン、エルモア、シモンズ)
2. イギリス 6分03秒98
3. ルーマニア 6分04秒10

女子軽量級ダブルスカル
1. オランダ 7分04秒73
(ポーリス、ヘッド)
2. カナダ 7分05秒88
3. 中国 7分06秒49
12. 日本 7分42秒87
(大石綾美、冨田千愛)

ホッケー

男子
1. アルゼンチン
2. ベルギー
3. ドイツ

女子
1. イギリス
2. オランダ
3. ドイツ
10. 日本　1次リーグ敗退

ボクシング

男子ライトフライ 49kg 級
1. ドゥスマトフ(ウズベキスタン)
2. マルティネス(コロンビア)
3. ヘルナンデス(アメリカ)
3. アルヒラゴス(キューバ)

男子フライ 52kg 級
1. ゾイロフ(ウズベキスタン)
2. アロイアン(ロシア)
3. フィノル(ベネズエラ)
3. 胡建関(中国)

男子バンダム 56kg 級
1. ラミレス(キューバ)
2. スティーブンソン(アメリカ)
3. アフマダリエフ(ウズベキスタン)
3. ニキチン(ロシア)
17. 森坂嵐(日本)　1回戦敗退

男子ライト 60kg 級
1. コンセイサン(ブラジル)
2. ウミア(フランス)
3. アルバレス(キューバ)
3. ドルジニャムブ(モンゴル)
9. 成松大介(日本)　2回戦敗退

男子ライトウエルター 64kg 級
1. ガイブナザロフ(ウズベキスタン)
2. ソトマヨル(アゼルバイジャン)
3. ドゥナイツェフ(ロシア)
3. ヘルツニヤン(ドイツ)

男子ウエルター 69kg 級
1. エレウシノフ(カザフスタン)
2. ギヤソフ(ウズベキスタン)
3. ラビ(モロッコ)
3. シソコ(フランス)

男子ミドル 75kg 級
1. ロペス(キューバ)
2. メリクジエフ(ウズベキスタン)
3. シャフスベリリ(アゼルバイジャン)
3. ロドリゲス(メキシコ)

男子ライトヘビー 81kg 級
1. ラクルス(キューバ)
2. ニヤジムベトフ(カザフスタン)
3. ボードリック(フランス)
3. バチ(イギリス)

男子ヘビー 91kg 級
1. ティシュチェンコ(ロシア)
2. レビト(カザフスタン)
3. トゥラガノフ(ウズベキスタン)
3. サボン(キューバ)

男子スーパーヘビー 91kg 超級
1. ヨカ(フランス)
2. ジョイス(イギリス)
3. ウルゴビッチ(クロアチア)
3. ディチコ(カザフスタン)

女子フライ 51kg 級
1. アダムズ(イギリス)
2. ウラムヌ(フランス)
3. 任燦燦(中国)
3. バレンシア(コロンビア)

女子ライト 60kg 級
1. モスリ(フランス)
2. 尹軍花(中国)
3. ベリアコワ(ロシア)
3. ポトコネン(フィンランド)

女子ミドル 75kg 級
1. シールズ(アメリカ)
2. フォンティン(オランダ)
3. シャキモワ(カザフスタン)
3. 李倩(中国)

バレーボール

男子バレーボール
1. ブラジル
2. イタリア
3. アメリカ

女子バレーボール
1. 中国
2. セルビア
3. アメリカ
5. 日本

男子ビーチバレー
1. アリソン、シュミット(ブラジル)
2. ニコライ、ルボ(イタリア)
3. ブラウバー、メーブセン(オランダ)

女子ビーチバレー
1. ルートピビ、ワルケンホルスト(ドイツ)
2. アガタ、バルバラ(ブラジル)
3. ウォルシュ、ロス(アメリカ)

体操／体操競技

男子団体
1. 日本 ······································ 274.094 点
(内村航平、加藤凌平、山室光史、田中佑典、白井健三)
2. ロシア ···································· 271.453 点
3. 中国 ······································ 271.122 点

男子個人総合
1. 内村航平(日本) ····················· 92.365 点
2. ベルニャエフ(ウクライナ) ········ 92.266 点
3. ウィットロック(イギリス) ········· 90.641 点
11. 加藤凌平(日本) ····················· 88.590 点

男子種目別ゆか
1. ウィットロック(イギリス) ········· 15.633 点
2. イポリト(ブラジル) ················· 15.533 点
3. オヤカワ・マリアーノ(ブラジル) · 15.433 点
4. 白井健三(日本) ····················· 15.366 点
5. 内村航平(日本) ····················· 15.241 点

男子種目別跳馬
1. リ・セグァン(北朝鮮) ·············· 15.691 点
2. アブリャジン(ロシア) ·············· 15.516 点
3. 白井健三(日本) ····················· 15.449 点

男子種目別つり輪
1. ペトルニアス(ギリシャ) ··········· 16.000 点
2. ナバレッテ・ザネッティ(ブラジル) · 15.766 点
3. アブリャジン(ロシア) ·············· 15.700 点

男子種目別あん馬
1. ウィットロック(イギリス) ········· 15.966 点
2. スミス(イギリス) ···················· 15.833 点
3. ナドア(アメリカ) ···················· 15.700 点

男子種目別平行棒
1. ベルニャエフ(ウクライナ) ········ 16.041 点
2. レイバ(アメリカ) ···················· 15.900 点
3. ベリャフスキー(ロシア) ··········· 15.783 点
7. 加藤凌平(日本) ····················· 15.233 点

男子種目別鉄棒
1. ハンブッヘン(ドイツ) ·············· 15.766 点
2. レイバ(アメリカ) ···················· 15.500 点
3. ウィルソン(イギリス) ·············· 15.466 点

女子団体
1. アメリカ ································ 184.897 点
(バイルス、ダグラス、ヘルナンデス、コシアン、レイズマン)
2. ロシア ···································· 176.688 点
3. 中国 ······································ 176.003 点
4. 日本 ······································ 174.371 点
(宮川紗江、村上茉愛子、杉原愛子、寺本明日香、内山由綺)

女子個人総合
1. バイルス(アメリカ) ················· 62.198 点
2. レイズマン(アメリカ) ·············· 60.098 点
3. ムスタフィナ(ロシア) ·············· 58.665 点
8. 寺本明日香(日本) ·················· 57.965 点
14. 村上茉愛(日本) ···················· 56.665 点

女子種目別ゆか
1. バイルス(アメリカ) ················· 15.966 点
2. レイズマン(アメリカ) ·············· 15.500 点
3. ティンクラー(イギリス) ··········· 14.933 点
7. 村上茉愛(日本) ····················· 14.533 点

女子種目別跳馬
1. バイルス(アメリカ) ················· 15.966 点
2. パセカ(ロシア) ······················· 15.253 点
3. シュタイングルーバー(スイス) ·· 15.216 点

女子種目別段違い平行棒
1. ムスタフィナ(ロシア) ·············· 15.900 点
2. コシアン(アメリカ) ················· 15.833 点
3. シェダー(ドイツ) ··················· 15.566 点

女子種目別平均台
1. S・ベフェルス(オランダ) ········· 15.466 点
2. ヘルナンデス(アメリカ) ··········· 15.333 点
3. バイルス(アメリカ) ················· 14.733 点

体操／新体操

個人総合
1. マムン(ロシア) ······················· 76.483 点
2. クドゥリャフツェワ(ロシア) ······ 75.608 点
3. リザディノワ(ウクライナ) ········ 73.583 点
16. 皆川夏穂(日本)　予選敗退 ····· 68.523 点

団体
1. ロシア ···································· 36.233 点
(ピリウコワ、プリズニュク、マキシモワ、タタレワ、トルカチェワ)
2. スペイン ································· 35.766 点
3. ブルガリア ······························ 35.766 点
8. 日本 ······································ 34.200 点
(畠山愛理、松原梨恵、熨斗谷さくら、杉本早裕吏、横田葵子)

体操／トランポリン

男子個人
1. ハンチャロウ(ベラルーシ) ········ 61.745 点
2. 董棟(中国) ···························· 60.535 点
3. 高磊(中国) ···························· 60.175 点
4. 棟朝銀河(日本) ····················· 59.535 点
6. 伊藤正樹(日本) ····················· 58.800 点

女子個人
1. マクレナン(カナダ) ················· 56.465 点
2. ページ(イギリス) ···················· 56.040 点
3. 李丹(中国) ···························· 55.885 点
13. 中野蘭菜(日本)　予選敗退

バスケットボール

男子
1. アメリカ
2. セルビア
3. スペイン

女子
1. アメリカ
2. スペイン
3. セルビア
5. 日本　準々決勝敗退

全競技結果

🤼 レスリング

男子フリースタイル 57kg 級
1. キンチェガシビリ(ジョージア)
2. 樋口黎(日本)
3. アリエフ(アゼルバイジャン)
3. ラヒミ(イラン)

男子フリースタイル 65kg 級
1. ラモノフ(ロシア)
2. アスガロフ(アゼルバイジャン)
3. チャミゾマルケス(イタリア)
3. ナフルゾフ(ウズベキスタン)

男子フリースタイル 74kg 級
1. ヤズダニチャラティ(イラン)
2. ゲドゥエフ(ロシア)
3. ハサノフ(アゼルバイジャン)
3. デミルタス(トルコ)
7. 高谷惣亮(日本)　準々決勝敗退

男子フリースタイル 86kg 級
1. サドゥラエフ(ロシア)
2. ヤサル(トルコ)
3. シャリホフ(アゼルバイジャン)
3. コックス(アメリカ)

男子フリースタイル 97kg 級
1. スナイダー(アメリカ)
2. ガジュモフ(アゼルバイジャン)
3. サリトフ(ルーマニア)
3. イブラギモフ(ウズベキスタン)

男子フリースタイル 125kg 級
1. アクギュル(トルコ)
2. ガセミ(イラン)
3. サイダウ(ベラルーシ)
3. ペトリアシビリ(ジョージア)

男子グレコローマンスタイル 59kg 級
1. ボレロモリナ(キューバ)
2. 太田忍(日本)
3. タスムラドフ(ウズベキスタン)
3. ベルゲ(ノルウェー)

男子グレコローマンスタイル 66kg 級
1. ステファネク(セルビア)
2. アルチュニャン(アルメニア)
3. ボルクバゼ(ジョージア)
3. チュナエフ(アゼルバイジャン)
5. 井上智裕(日本)　3位決定戦敗退

男子グレコローマンスタイル 75kg 級
1. ウラソフ(ロシア)
2. マセン(デンマーク)
3. 金炫雨(韓国)
3. アブドバリ(イラン)

男子グレコローマンスタイル 85kg 級
1. チャクベタゼ(ロシア)
2. ベレニュク(ウクライナ)
3. ハムザタウ(ベラルーシ)
3. クドラ(ドイツ)

男子グレコローマンスタイル 98kg 級
1. アレクサンヤン(アルメニア)
2. ルゴカブレラ(キューバ)
3. イルデム(トルコ)
3. レザエイ(イラン)

男子グレコローマンスタイル 130kg 級
1. ロペスヌネス(キューバ)
2. カヤルプ(トルコ)
3. シャリアティ(アゼルバイジャン)
3. セメノフ(ロシア)

女子フリースタイル 48kg 級
1. 登坂絵莉(日本)
2. スタドニク(アゼルバイジャン)
3. 孫亜楠(中国)
3. ヤンコバ(ブルガリア)

女子フリースタイル 53kg 級
1. マルーリス(アメリカ)
2. 吉田沙保里(日本)
3. シニシン(アゼルバイジャン)
3. S・マットソン(スウェーデン)

女子フリースタイル 58kg 級
1. 伊調馨(日本)
2. コブロワゾロボワ(ロシア)
3. アマリ(チュニジア)
3. マリク(インド)

女子フリースタイル 63kg 級
1. 川井梨紗子(日本)
2. ママシュク(ベラルーシ)
3. ラリオノワ(カザフスタン)
3. ミハリク(ポーランド)

女子フリースタイル 69kg 級
1. 土性沙羅(日本)
2. ボロエワ(ロシア)
3. シジコワ(カザフスタン)
3. フランソン(スウェーデン)

女子フリースタイル 75kg 級
1. ウィービー(カナダ)
2. マニュロワ(カザフスタン)
3. 張鳳柳(中国)
3. ブキナ(ロシア)
14. 渡利璃穂(日本)　2回戦敗退

⛵ セーリング

男子 470 級
1. クロアチア ……………………………… 43 点
　(ファンテラ、マレニッチ)
2. オーストラリア ……………………… 58 点
3. ギリシャ ……………………………… 58 点
17. 日本 …………………………………… 135 点
　(土居一斗、今村公彦)

男子フィン級
1. スコット(イギリス) ………………… 36 点
2. ズボガル(スロベニア) ……………… 68 点
3. ペイン(アメリカ) …………………… 76 点

男子レーザー級
1. バートン(オーストラリア) ………… 73 点
2. スティパノビッチ(クロアチア) …… 75 点
3. ミーチ(ニュージーランド) ………… 85 点

男子 49er 級
1. ニュージーランド …………………… 35 点
　(バーリング、トゥーク)
2. オーストラリア ……………………… 78 点
3. ドイツ ………………………………… 83 点
18. 日本 …………………………………… 132 点
　(牧野幸雄、高橋賢次)

男子 RS：X 級
1. ファンリエセルベルゲ(オランダ) … 25 点
2. デンプシー(イギリス) ……………… 52 点
3. ルコック(フランス) ………………… 86 点
15. 富澤慎(日本) ………………………… 138 点

女子 470 級
1. イギリス ……………………………… 44 点
　(ミルズ、クラーク)
2. ニュージーランド …………………… 54 点
3. フランス ……………………………… 62 点
5. 日本 …………………………………… 66 点
　(吉田愛、吉岡美帆)

女子 49erFX 級
1. ブラジル ……………………………… 48 点
　(クンゼ、グラエル)
2. ニュージーランド …………………… 51 点
3. デンマーク …………………………… 54 点
20. 日本 …………………………………… 210 点
　(髙野芹奈、宮川恵子)

女子 RS：X 級
1. ピコン(フランス) …………………… 64 点
2. 陳佩娜(中国) ………………………… 66 点
3. エルフチナ(ロシア) ………………… 69 点
20. 伊勢田愛(日本) ……………………… 198 点

女子レーザーラジアル級
1. ボウンメスター(オランダ) ………… 61 点
2. マーフィー(アイルランド) ………… 67 点
3. リンドン(デンマーク) ……………… 71 点
20. 土居愛実(日本) ……………………… 139 点

混合ナクラ 17 級
1. アルゼンチン ………………………… 77 点
　(S・ランゲ、カランザサロリ)
2. オーストラリア ……………………… 78 点
3. オーストリア ………………………… 78 点

🏋 ウエイトリフティング

男子 56kg 級
1. 龍清泉(中国) ………………… <WR>307 キロ
2. オム・ユンチョル(北朝鮮) ……… 303 キロ
3. シンペット(タイ) ………………… 289 キロ
11. 髙尾宏明(日本) …………………… 249 キロ

男子 62kg 級
1. フィゲロアモスケラ(コロンビア) … 318 キロ
2. イラワン(インドネシア) ………… 312 キロ
3. ハルキ(カザフスタン) …………… 305 キロ
4. 糸数陽一(日本) ……………… <NR>302 キロ
12. 中山陽介(日本) …………………… 266 キロ

男子 69kg 級
1. 石智勇(中国) ……………………… 352 キロ
2. イスマイロフ(トルコ) …………… 351 キロ
3. モスケラ(コロンビア) …………… 338 キロ

男子 77kg 級
1. ラヒモフ(カザフスタン) ………… 379 キロ
2. 呂小軍(中国) ……………………… 379 キロ
3. マハムード(エジプト) …………… 361 キロ

男子 85kg 級
1. ロスタミ(イラン) …………… <WR>396 キロ
2. 田濤(中国) ………………………… 395 キロ
3. シンクレアン(ルーマニア) ……… 390 キロ

男子 94kg 級
1. モラディ(イラン) ………………… 403 キロ
2. ストラルストウ(ベラルーシ) …… 395 キロ
3. ディジバリス(リトアニア) ……… 392 キロ

男子 105kg 級
1. ヌルディノフ(ウズベキスタン) … 431 キロ
2. マルティロシャン(アルメニア) … 417 キロ
3. ザイチコフ(カザフスタン) ……… 416 キロ

男子 105kg 超級
1. タラハゼ(ジョージア) ……… <WR>473 キロ
2. ミナシャン(アルメニア) ………… 451 キロ
3. トゥルマニゼ(ジョージア) ……… 448 キロ

女子 48kg 級
1. ソピタ(タイ) ……………………… 200 キロ
2. アグスティアニ(インドネシア) … 192 キロ
3. 三宅宏実(日本) …………………… 188 キロ

女子 53kg 級
1. 許淑淨(チャイニーズ・タイペイ) … 212 キロ
2. ディアス(フィリピン) …………… 200 キロ
3. 尹眞熙(韓国) ……………………… 199 キロ
6. 八木かなえ(日本) ………………… 186 キロ

女子 58kg 級
1. スカンヤ(タイ) …………………… 240 キロ
2. ピムシリ(タイ) …………………… 232 キロ
3. 郭婞淳(チャイニーズ・タイペイ) … 231 キロ
5. 安藤美希子(日本) …………… <NR>218 キロ

女子 63kg 級
1. 鄧薇(中国) …………………… <WR>262 キロ
2. チェ・ヒョシム(北朝鮮) ………… 248 キロ
3. ゴリチョワ(カザフスタン) ……… 243 キロ
9. 松本潮霞(日本) …………………… 205 キロ

女子 69kg 級
1. 向艶梅(中国) ……………………… 261 キロ
2. ジャパルクル(カザフスタン) …… 259 キロ
3. アハメド(エジプト) ……………… 255 キロ

女子75kg級
1. リム・ジョンシム(北朝鮮) ……………… 274キロ
2. ナウマワ(ベラルーシ) …………………… 258キロ
3. バレンティン(スペイン) ………………… 257キロ

女子75kg超級
1. 孟蘇平(中国) ……………………………… 307キロ
2. キム・ククヒャン(北朝鮮) ……………… 306キロ
3. ロブレス(アメリカ) ……………………… 286キロ

ハンドボール

男子
1. デンマーク
2. フランス
3. ドイツ

女子
1. ロシア
2. フランス
3. ノルウェー

自転車

男子スプリント
1. ケニー(イギリス)
2. スキナー(イギリス)
3. ドミトリエフ(ロシア)
25. 中川誠一郎(日本)　予選敗退

男子チームスプリント
1. イギリス ………………………… <OR>42秒440
(ヒンデス、ケニー、スキナー)
2. ニュージーランド ………………………… 42秒542
3. フランス …………………………………… 43秒143

男子ケイリン
1. ケニー(イギリス)
2. ブフリ(オランダ)
3. アワン(マレーシア)
13. 脇本雄太(日本)　1回戦敗退
21. 渡邊一成(日本)　1回戦敗退

男子チームパーシュート
1. イギリス ………………………… <WR>3分50秒265
(クランシー、バーク、ドゥル、ウィギンズ)
2. オーストラリア …………………………… 3分51秒008
3. デンマーク ………………………………… 3分53秒789

男子オムニアム
1. ビビアニ(イタリア) ……………………… 207点
2. カベンディッシュ(イギリス) …………… 194点
3. ハンセン(デンマーク) …………………… 192点
14. 窪木一茂(日本) ……………………………… 81点

男子ロードレース
1. ファンアバマート(ベルギー) ………… 6時間10分05秒
2. フグルサング(デンマーク) …………… 6時間10分05秒
3. マイカ(ポーランド) …………………… 6時間10分10秒
27. 新城幸也(日本) ……………………… 6時間19分43秒
— 内間康平(日本)　途中棄権

男子個人ロードタイムトライアル
1. カンセララ(スイス) …………………… 1時間12分15秒42
2. デュムラン(オランダ) ………………… 1時間13分02秒83
3. フルーム(イギリス) …………………… 1時間13分17秒54

男子マウンテンバイククロスカントリー
1. シュルター(スイス) …………………… 1時間33分28秒
2. クルハビー(チェコ) …………………… 1時間34分18秒
3. コロマニコラス(スペイン) …………… 1時間34分51秒
21. 山本幸平(日本) ………………………… 1時間40分34秒

男子BMX
1. フィールズ(アメリカ) …………………… 34秒642
2. ファンホルコム(オランダ) ……………… 35秒316
3. ラミレスジェペス(コロンビア) ………… 35秒517
30. 長迫吉拓(日本)　準々決勝敗退

女子スプリント
1. フォーゲル(ドイツ)
2. ジェームズ(イギリス)
3. マーシャン(イギリス)

女子チームスプリント
1. 中国(宮金傑、鍾天使) …………………… 32秒107
2. ロシア ……………………………………… 32秒401
3. ドイツ ……………………………………… 32秒636

女子ケイリン
1. リヒトリー(オランダ)
2. ジェームズ(イギリス)
3. ミアーズ(オーストラリア)

女子チームパーシュート
1. イギリス ………………………… <WR>4分10秒236
(アーチボルド、トロット、バーカー、ロウセル)
2. アメリカ …………………………………… 4分12秒454
3. カナダ ……………………………………… 4分14秒627

女子オムニアム
1. トロット(イギリス) ……………………… 230点
2. ハマー(アメリカ) ………………………… 206点
3. ドール(ベルギー) ………………………… 199点
16. 塚越さくら(日本) …………………………… 68点

女子ロードレース
1. ファンデルブレーヘン(オランダ) …… 3時間51分27秒
2. ヨハンソン(スウェーデン) …………… 3時間51分27秒
3. ロンゴボルギーニ(イタリア) ………… 3時間51分27秒
17. 與那嶺恵理(日本) ……………………… 3時間56分23秒

女子個人ロードタイムトライアル
1. アームストロング(アメリカ) ………… 44分26秒42
2. ザベリンスカヤ(ロシア) ……………… 44分31秒97
3. ファンデルブレーヘン(オランダ) …… 44分37秒80
15. 與那嶺恵理(日本) ……………………… 46分43秒09

女子マウンテンバイククロスカントリー
1. リスベドス(スウェーデン) …………… 1時間30分15秒
2. ウロシュチョフスカ(ポーランド) …… 1時間30分52秒
3. ペンドレル(カナダ) …………………… 1時間31分41秒

女子BMX
1. パホン(コロンビア) ……………………… 34秒093
2. ポスト(アメリカ) ………………………… 34秒435
3. エルナンデス(ベネズエラ) ……………… 34秒755

卓球

男子シングルス
1. 馬龍(中国)
2. 張継科(中国)
3. 水谷隼(日本)
5. 丹羽孝希(日本)　準々決勝敗退

男子団体
1. 中国(馬龍、張継科、許昕)
2. 日本(水谷隼、丹羽孝希、吉村真晴)
3. ドイツ

女子シングルス
1. 丁寧(中国)
2. 李暁霞(中国)
3. キム・ソンイ(北朝鮮)
4. 福原愛(日本)
17. 石川佳純(日本)　3回戦敗退

女子団体
1. 中国(丁寧、劉詩雯、李暁霞)
2. ドイツ
3. 日本(福原愛、石川佳純、伊藤美誠)

馬術

障害飛越個人
1. スケルトン(イギリス) …………………… 0点
2. フレドリクソン(スウェーデン) ………… 0点
3. ラメーズ(カナダ) ………………………… 4点
44. 武田麗子(日本)　3次予選途中棄権
64. 桝井俊樹(日本)　1次予選敗退

64. 杉谷泰造(日本)　1次予選敗退
68. 福島大輔(日本)　1次予選敗退

障害飛越団体
1. フランス ……………………………………… 3点
(ルプレボ、ポスト、スタウト、ロジエ)
2. アメリカ ……………………………………… 5点
3. ドイツ ………………………………………… 8点
13. 日本　予選敗退 ……………………………… 14点
(桝井俊樹、武田麗子、福島大輔、杉谷泰造)

馬場馬術個人
1. デュジャディン(イギリス) ……………… 93.857点
2. ウェルト(ドイツ) ………………………… 89.071点
3. シュピーレ(ドイツ) ……………………… 87.142点
45. 原田喜市(日本)　1次予選敗退 ……… 68.286点
48. 北井裕子(日本)　1次予選敗退 ……… 67.271点
50. 黒木茜(日本)　1次予選敗退 ………… 66.900点
58. 高橋正直(日本)　1次予選敗退 ……… 62.986点

馬場馬術団体
1. ドイツ …………………………………… 81.936点
(ローテンベルガー、シュナイダー、シュピーレ、ウェルト)
2. イギリス ………………………………… 78.595点
3. アメリカ ………………………………… 76.667点
11. 日本　予選敗退 ………………………… 67.486点
(黒木茜、原田喜市、高橋正直、北井裕子)

総合馬術個人
1. ユング(ドイツ) …………………………… 40.90点
2. ニコラ(フランス) ………………………… 48.00点
3. ダットン(アメリカ) ……………………… 51.80点
20. 大岩義明(日本) …………………………… 77.00点
— 北島隆三(日本)　棄権

総合馬術団体
1. フランス …………………………………… 169.00点
(ルモワーヌ、ヴァレット、ニコラ、ラグワグッツ)
2. ドイツ ……………………………………… 172.80点
3. オーストラリア …………………………… 175.30点

フェンシング

男子フルーレ個人
1. ガロッツォ(イタリア)
2. マシアラス(アメリカ)
3. サフィン(ロシア)
17. 太田雄貴(日本)　2回戦敗退

男子フルーレ団体
1. ロシア
(アフマトフジン、チェレミシノフ、サフィン)
2. フランス
3. アメリカ

男子エペ個人
1. 朴相永(韓国)
2. イムレ(ハンガリー)
3. グリュミエ(フランス)
6. 見延和靖(日本)

男子エペ団体
1. フランス
(ジェラン、グリュミエ、ルスネ、ボレル)
2. イタリア
3. ハンガリー

男子サーブル個人
1. シラギ(ハンガリー)
2. ホーマー(アメリカ)
3. 金政煥(韓国)
28. 徳南堅太(日本)　1回戦敗退

女子フルーレ個人
1. デリグラゾワ(ロシア)
2. ディフランチェスカ(イタリア)
3. ブバクリ(チュニジア)
16. 西岡詩穂(日本)　3回戦敗退

女子エペ個人
1. サス(ハンガリー)
2. フィアミンゴ(イタリア)
3. 孫一文(中国)
8. 佐藤希望(日本)

全競技結果

女子エペ団体
1. ルーマニア
(ディヌ、ゲルマン、ポペスク、ポップ)
2. 中国
3. ロシア

女子サーブル個人
1. エゴリアン(ロシア)
2. ベリカヤ(ロシア)
3. ハルラン(ウクライナ)
35. 青木千佳(日本) 1回戦敗退

女子サーブル団体
1. ロシア
(エゴリアン、ベリカヤ、ディヤチェンコ、ガウリロヴァ)
2. ウクライナ
3. アメリカ

柔道

男子60kg級
1. ムドラノフ(ロシア)
2. スメトフ(カザフスタン)
3. 髙藤直寿(日本)
3. ウロズボエフ(ウズベキスタン)

男子66kg級
1. バシレ(イタリア)
2. 安バウル(韓国)
3. ソビロフ(ウズベキスタン)
3. 海老沼匡(日本)

男子73kg級
1. 大野将平(日本)
2. オルジョイ(アゼルバイジャン)
3. シャフダトゥアシビリ(ジョージア)
3. バンティヘルト(ベルギー)

男子81kg級
1. ハルムルザエフ(ロシア)
2. スティーブンズ(アメリカ)
3. トマ(アラブ首長国連邦)
3. 永瀬貴規(日本)

男子90kg級
1. ベイカー茉秋(日本)
2. リパルテリアニ(ジョージア)
3. 郭同韓(韓国)
3. 程訓釗(中国)

男子100kg級
1. クルパレク(チェコ)
2. ガシモフ(アゼルバイジャン)
3. マレ(フランス)
3. 羽賀龍之介(日本)

男子100kg超級
1. リネール(フランス)
2. 原沢久喜(日本)
3. シルバ(ブラジル)
3. サソン(イスラエル)

女子48kg級
1. パレト(アルゼンチン)
2. 鄭普涇(韓国)
3. 近藤亜美(日本)
3. ガルバドラフ(カザフスタン)

女子52kg級
1. ケルメンディ(コソボ)
2. ジュフリダ(イタリア)
3. 中村美里(日本)
3. クジュティナ(ロシア)

女子57kg級
1. シルバ(ブラジル)
2. ドルジスレン(モンゴル)
3. モンテイロ(ポルトガル)
3. 松本薫(日本)

女子63kg級
1. トルステニャク(スロベニア)
2. アグベニェヌ(フランス)
3. ジェルビ(イスラエル)

3. ファンエムデン(オランダ)
5. 田代未来(日本)

女子70kg級
1. 田知本遥(日本)
2. アルベアル(コロンビア)
3. コンウェー(イギリス)
3. ファルガスコッホ(ドイツ)

女子78kg級
1. ハリソン(アメリカ)
2. チュメオ(フランス)
3. アギアル(ブラジル)
3. ベレンセク(スロベニア)
9. 梅木真美(日本) 2回戦敗退

女子78kg超級
1. アンデオル(フランス)
2. オルティス(キューバ)
3. 山部佳苗(日本)
3. 于頌(中国)

バドミントン

男子シングルス
1. 諶龍(中国)
2. リー・チョンウェイ(マレーシア)
3. アクセルセン(デンマーク)
17. 佐々木翔(日本) 1次リーグ敗退

男子ダブルス
1. 傅海峰、張楠(中国)
2. ゴー・シェム、タン・ウィーキョン(マレーシア)
3. エリス、ランリッジ(イギリス)
5. 遠藤大由、早川賢一(日本) 準々決勝敗退

女子シングルス
1. マリン(スペイン)
2. プサルラ(インド)
3. 奥原希望(日本)
5. 山口茜(日本) 準々決勝敗退

女子ダブルス
1. 髙橋礼華、松友美佐紀(日本)
2. ペデルセン、リターユヒル(デンマーク)
3. 鄭径恩、申昇瓚(韓国)

ミックスダブルス
1. アフマド、ナッチル(インドネシア)
2. チャン・ペンスン、ゴー・リュウイン(マレーシア)
3. 張楠、趙蕓蕾(中国)
5. 数野健太、栗原文音(日本) 準々決勝敗退

射撃／ライフル射撃

男子25m ラピッドファイアーピストル
1. ライツ(ドイツ) ……………………………… 34点
2. キカンポワ(フランス) ……………………… 30点
3. 李越宏(中国) ………………………………… 27点
19. 森栄太(日本) 予選敗退
22. 秋山輝吉(日本) 予選敗退

男子50m ピストル
1. 秦鐘午(韓国) ………………………………… 193.7点
2. シャンビン(ベトナム) ……………………… 191.3点
3. キム・ソングク(北朝鮮) …………………… 172.8点
19. 松田知幸(日本) 予選敗退

男子10m エアピストル
1. シャンビン(ベトナム) ……………………… 202.5点
2. ウー(ブラジル) ……………………………… 202.1点
3. 龐偉(中国) …………………………………… 180.4点
22. 松田知幸(日本) 予選敗退

男子50m ライフル3姿勢
1. カンプリアーニ(イタリア) ………………… 458.8点
2. カメンスキー(ロシア) ……………………… 458.5点
3. レイノー(フランス) ………………………… 448.4点
22. 山下敏和(日本) 予選敗退

男子50m ライフル伏射
1. ユンガーネル(ドイツ) ……………………… 209.5点

2. 金宗玄(韓国) ………………………………… 208.2点
3. グリゴリャン(ロシア) ……………………… 187.3点
41. 山下敏和(日本) 予選敗退

男子10m エアライフル
1. カンプリアーニ(イタリア) ………………… 206.1点
2. クリシュ(ウクライナ) ……………………… 204.6点
3. マスレンニコフ(ロシア) …………………… 184.2点
20. 岡田直也(日本) 予選敗退
36. 山下敏和(日本) 予選敗退

女子25m ピストル
1. コラカキ(ギリシャ)
2. カルシュ(ドイツ)
3. ディーテルムジャーバー(スイス)
34. 佐藤明子(日本) 予選敗退

女子10m エアピストル
1. 張夢雪(中国) ………………………………… 199.4点
2. バツァラシュキナ(ロシア) ………………… 197.1点
3. コラカキ(ギリシャ) ………………………… 177.7点
42. 佐藤明子(日本) 予選敗退

女子50m ライフル3姿勢
1. エングレーダー(ドイツ) …………………… 458.6点
2. 張彬彬(中国) ………………………………… 458.4点
3. 杜麗(中国) …………………………………… 447.4点

女子10m エアライフル
1. スラッシャー(アメリカ) …………………… 208.0点
2. 杜麗(中国) …………………………………… 207.0点
3. 易思玲(中国) ………………………………… 185.4点

射撃／クレー射撃

男子トラップ
1. グラスノビッチ(クロアチア)
2. ペリエロ(イタリア)
3. リング(イギリス)

男子スキート
1. ロッセティ(イタリア)
2. スベンソン(スウェーデン)
3. ラシディ(IOA)

男子ダブルトラップ
1. ディハニ(IOA)
2. インノチェンティ(イタリア)
3. スコット(イギリス)

女子トラップ
1. スキナー(オーストラリア)
2. ルーニー(ニュージーランド)
3. コグデル(アメリカ)
20. 中山由起枝(日本) 予選敗退

女子スキート
1. バコシ(イタリア)
2. カイネロ(イタリア)
3. ロード(アメリカ)
18. 石原奈央子(日本) 予選敗退

近代五種

男子
1. レスン(ロシア) …………………… <OR>1479点
2. ティモシュチェンコ(ウクライナ) …………… 1472点
3. エルナンデスウスカンガ(メキシコ) ………… 1468点
22. 三口智也(日本) …………………………… 1412点
29. 岩元勝平(日本) …………………………… 1355点

女子
1. エスポジト(オーストラリア) ……… <OR>1372点
2. クルベル(フランス) ………………………… 1356点
3. ノワツカ(ポーランド) ……………………… 1349点
13. 朝長なつ美(日本) ………………………… 1307点

全競技結果

ラグビーフットボール

男子
1. フィジー
2. イギリス
3. 南アフリカ
4. 日本

女子
1. オーストラリア
2. ニュージーランド
3. カナダ
10. 日本

カヌー

男子スプリントカヤックシングル 200m
1. ヒース(イギリス) ……… 35秒197
2. ボーモン(フランス) ……… 35秒362
3. カラビオット(スペイン) ……… 35秒662
3. ロイエ(ドイツ) ……… 35秒662

男子スプリントカヤックペア 200m
1. スペイン ……… 32秒075
 (カラビオット、トロ)
2. イギリス ……… 32秒368
3. リトアニア ……… 32秒382

男子スプリントカヤックシングル 1000m
1. ワルス(スペイン) ……… 3分31秒447
2. ドスタル(チェコ) ……… 3分32秒145
3. アノシュキン(ロシア) ……… 3分33秒363

男子スプリントカヤックペア 1000m
1. ドイツ ……… 3分10秒781
 (レントシュミット、グロス)
2. セルビア ……… 3分10秒969
3. オーストラリア ……… 3分12秒593

男子スプリントカヤックフォア 1000m
1. ドイツ ……… 3分02秒143
 (レントシュミット、リーブシャー、ホフ、グロス)
2. スロバキア ……… 3分05秒044
3. チェコ ……… 3分05秒176

男子スプリントカナディアンシングル 200m
1. チェバン(ウクライナ) ……… 39秒279
2. デミヤネンコ(アゼルバイジャン) ……… 39秒493
3. ケイロスドスサントス(ブラジル) ……… 39秒628

男子スプリントカナディアンシングル 1000m
1. ブレンデル(ドイツ) ……… 3分56秒926
2. ケイロスドスサントス(ブラジル) ……… 3分58秒529
3. S・タルノブスキ(モルドバ) ……… 4分00秒852

男子スプリントカナディアンペア 1000m
1. ドイツ ……… 3分43秒912
 (ブレンデル、ファンドレイ)
2. ブラジル ……… 3分44秒819
3. ウクライナ ……… 3分45秒949

男子スラロームカヤックシングル
1. クラーク(イギリス) ……… 88.53点
2. カウジェル(スロベニア) ……… 88.70点
3. ブルスカベツ(チェコ) ……… 88.99点
11. 矢澤一輝(日本) 準決勝敗退 ……… 97.19点

男子スラロームカナディアンシングル
1. ガルガウシャヌ(フランス) ……… 94.17点
2. ベニュシュ(スロバキア) ……… 95.02点
3. 羽根田卓也(日本) ……… 97.44点

男子スラロームカナディアンペア
1. スロバキア ……… 101.58点
 (L・スカンタル、P・スカンタル)
2. イギリス ……… 102.01点
3. フランス ……… 103.24点
12. 日本(佐々木翼、佐々木将汰) 予選敗退 ……… 119.04点

女子スプリントカヤックシングル 200m
1. キャリントン(ニュージーランド) ……… 39秒864
2. ワルチケビッチ(ポーランド) ……… 40秒279
3. オシペンコロドムスカ(アゼルバイジャン) ……… 40秒401

女子スプリントカヤックシングル 500m
1. コザック(ハンガリー) ……… 1分52秒494
2. ヨルゲンセン(デンマーク) ……… 1分54秒326
3. キャリントン(ニュージーランド) ……… 1分54秒372

女子スプリントカヤックペア 500m
1. ハンガリー ……… 1分43秒687
 (サボー、コザック)
2. ドイツ ……… 1分43秒738
3. ポーランド ……… 1分45秒207

女子スプリントカヤックフォア 500m
1. ハンガリー ……… 1分31秒482
 (サボー、コザック、チベス、ファゼカシュ)
2. ドイツ ……… 1分32秒383
3. ベラルーシ ……… 1分33秒908

女子スラロームカヤックシングル
1. コラント(スペイン) ……… 98.65点
2. ジョーンズ(ニュージーランド) ……… 101.82点
3. フォックス(オーストラリア) ……… 102.49点
20. 矢澤亜季(日本) 予選敗退 ……… 120.17点

アーチェリー

男子個人
1. 具本燦(韓国)
2. バラドン(フランス)
3. エリソン(アメリカ)
8. 古川高晴(日本) 準々決勝敗退

男子団体
1. 韓国(金優鎮、具本燦、李承潤)
2. アメリカ
3. オーストラリア

女子個人
1. 張恵珍(韓国)
2. ウンル(ドイツ)
3. 奇甫倍(韓国)
17. 川中香緒里(日本) 2回戦敗退
33. 林勇気(日本) 1回戦敗退
33. 永峰沙織(日本) 1回戦敗退

女子団体
1. 韓国(崔美善、奇甫倍、張恵珍)
2. ロシア
3. チャイニーズ・タイペイ
8. 日本(川中香緒里、林勇気、永峰沙織) 準々決勝敗退

トライアスロン

男子
1. A・ブラウンリー(イギリス) ……… 1時間45分01秒
2. J・ブラウンリー(イギリス) ……… 1時間45分07秒
3. シェーマン(南アフリカ) ……… 1時間45分43秒
— 田山寛豪(日本) 途中棄権

女子
1. ジョーゲンセン(アメリカ) ……… 1時間56分16秒
2. スピリク(スイス) ……… 1時間56分56秒
3. ホランド(イギリス) ……… 1時間57分01秒
15. 佐藤優香(日本) ……… 2時間00分01秒
39. 上田藍(日本) ……… 2時間03分37秒
46. 加藤友里恵(日本) ……… 2時間07分50秒

ゴルフ

男子
1. ローズ(イギリス)
2. ステンソン(スウェーデン)
3. クーチャー(アメリカ)
21. 池田勇太(日本)
54. 片山晋呉(日本)

女子
1. 朴仁妃(韓国)
2. コ(ニュージーランド)
3. フォン・シャンシャン(中国)
4. 野村敏京(日本)

42. 大山志保(日本)

テコンドー

男子58kg級
1. 趙帥(中国)
2. タウィン(タイ)
3. 金太勲(韓国)
3. ピエ(ドミニカ共和国)

男子68kg級
1. アブガシュ(ヨルダン)
2. デニセンコ(ロシア)
3. ゴンサレス(スペイン)
3. 李大勲(韓国)

男子80kg級
1. シセ(コートジボワール)
2. ムハンマド(イギリス)
3. ベイギハルチェガニ(アゼルバイジャン)
3. ウエスラティ(チュニジア)

男子80kg超級
1. イサエフ(アゼルバイジャン)
2. イスフアルファガ(ニジェール)
3. 車東旻(韓国)
3. シケイラ(ブラジル)

女子49kg級
1. 金昭熙(韓国)
2. ボグダノビッチ(セルビア)
3. アバカロワ(アゼルバイジャン)
3. バニパック(タイ)

女子57kg級
1. ジョーンズ(イギリス)
2. カルボゴメス(スペイン)
3. アリザデゼヌリン(イラン)
3. ワフバ(エジプト)
9. 濱田真由(日本) 2回戦敗退

女子67kg級
1. 呉慧俐(韓国)
2. ニアレ(フランス)
3. グバグビ(コートジボワール)
3. タタル(トルコ)

女子67kg超級
1. 鄭姝音(中国)
2. エスピノサ(メキシコ)
3. ギャロウェー(アメリカ)
3. ウォークデン(イギリス)

8月22日(日本時間) 現在

Photo: T.Hanai

メインプレスセンター／Photo: Y.Osada

AFLO SPORT

青木 紘二　Koji Aoki
YUTAKA
中西 祐介　Yusuke Nakanishi
長田 洋平　Yohei Osada
田村 翔　Sho Tamura
Enrico Calderoni

Frederic Froger
Tim De Waele

Aflo Dite（メダリスト撮影）

吉原 秀樹　Hideki Yoshihara
田中 庸介　Yosuke Tanaka
當舎 慎悟　Shingo Tosha

AP

Alessandra Tarantino	Kin Cheung
Andre Penner	Kirsty Wigglesworth
Andrew Medichini	Markus Schreiber
Bernat Armangue	Martin Meissner
Charlie Riedel	Matt Dunham
David Goldman	Matt Slocum
David J. Phillip	Michael Sohn
Dmitri Lovetsky	Mike Groll
Eugene Hoshiko	Morry Gash
Frank Franklin Ii	Petros Giannakouris
Gregorio Borgia	Robert F. Bukaty
Gregory Bull	Themba Hadebe
John Locher	Vincent Thian

REUTERS

Adrees Latif	Marcelo Del Pozo
Alessandro Bianchi	Marcos Brindicci
Athit Perawongmetha	Marko Djurica
Benoit Tessier	Matthew Childs
Brian Snyder	Michael Dalder
Bruno Kelly	Murad Sezer
Carlos Barria	Paul Hanna
David Gray	Pawel Kopczynski
Dominic Ebenbichler	Peter Cziborra
Dylan Martinez	Phil Noble
Edgard Garrido	Ricardo Moraes
Fabrizio Bensch	Ruben Sprich
Fernando Donasci	Stefan Wermuth
Gonzalo Fuentes	Stoyan Nenov
Ivan Alvarado	Toby Melville
Jeremy Lee	Tony Gentile
Kai Pfaffenbach	Toru Hanai
Kevin Lamarque	Vasily Fedosenko
Lucy Nicholson	Yves Herman

編集後記

地球の裏側に辿り着いてから、撮影に没頭しているうちに、私にとっての17回目のオリンピックはあっという間に幕を閉じた。大会前には会場の設営の遅延や、ジカ熱の流行などが問題として多く取り上げられたが、私自身は全く心配をしたことはなかった。オリンピックはいつもの様にまず問題なく始まり、終わる。

低予算でのオリンピックと言われていたが、運営は上手くやっていたように思う。強いて言えば時間のない私達にとってプレスセンターでの食堂の混雑と、プレスバスの交通渋滞が苦しかった。しかし、人柄の寛容さと温かさで素晴らしい大会にしてくれたブラジルに感謝。気候はリオにとって春先にあたり、日本の初夏のような爽やかさが寝不足の私の体力の温存に役立った。東京オリンピックは、海外ジャーナリストから素晴らしい大会になると期待されている分、大変だ。

9月1日午前6時。残っている体力の全てを注ぎ切って写真集の編集を終え、私のリオデジャネイロオリンピックが終わった。

オリンピックの撮影がある限り、私の青春は続く。

東京オリンピックが酷暑にならないことを祈って。

2016.9.1　青木 紘二

構成・編集 Editorial Director	
青木 紘二	Koji Aoki

フォトエディター Photo Editor	
木下 美和子	Miwako Kinoshita
市川 三奈	Mina Ichikawa
小林 祐子	Yuko Kobayashi

デザイナー Designer	
山岡 充	Mitsuru Yamaoka
辰巳 雄亮	Yusuke Tatsumi
菊池 美和子	Miwako Kikuchi

撮影ディレクター Photographing Director	
大炭 一雄	Kazuo Osumi
岡田 利夫	Toshio Okada
小林 大介	Daisuke Kobayashi

フォトコーディネーター Photo Cordinator	
梶原 淳	Jun Kajihara
斎藤 紘一	Koichi Saito
山田 毅	Takeshi Yamada

編集アシスト Editorial Assistant	
青木 那奈	Nana Aoki
竹内 秀希	Hideki Takeuchi
森 裕宣	Hironobu Mori

デジタルイメージング　Post Production
アフロビジョン

文 Writer	
山岡 禅	Zen Yamaoka

撮影機材協力
キヤノンマーケティングジャパン株式会社　CANON MARKETING JAPAN INC.
株式会社ニコン イメージング ジャパン　NIKON IMAGING JAPAN INC.

リオデジャネイロオリンピック日本代表選手団
日本オリンピック委員会 公式写真集2016

The Games of the XXXI Olympiad Rio de Janeiro 2016 Japanese Delegation
JOC OFFICIAL PHOTOBOOK

2016年9月20日 初版第1刷発行

監修	公益財団法人 日本オリンピック委員会（JOC）
発行人・編集人	青木 紘二
発行所	株式会社アフロ
企画・編集・発行 Planning / Edit	株式会社アフロ 〒104-0045 東京都中央区築地4-1-17 銀座大野ビル5階 ☎ 03-3546-0900(代) e-mail: book@aflo.com AFLO CO.,LTD.
販売	株式会社 旭屋出版 〒107-0052 東京都港区赤坂1-7-19 キャピタル赤坂ビル8F ☎ 03-3560-9065
印刷所	株式会社サンニチ印刷

ⒸAFLO 2016　ⒸAFLO SPORT, AP, REUTERS　All Rights Reserved.

乱丁・落丁はお取り替えいたします。
本書の無断複製・転載・引用を禁じます。

ISBN978-4-7511-1219-9 C0075
Printed in Japan